ro
ro
ro

Sartre und Beauvoir: zwei gegensätzliche Temperamente, zwei kongeniale Geister, die sich, nach eigenen Aussagen, ideal «komplettieren» – in ihrer radikalen Auflehnung gegen das bürgerliche Milieu ihrer Herkunft ebenso wie in ihrem Drang nach Freiheit und Autonomie. Mit ihren Büchern, Reden und Aktionen prägten sie, jeder für sich, das Denken und Handeln dieses Jahrhunderts: Existentialismus und Feminismus. Als Paar wurden sie für mehrere Generationen zu einem Modell der «freien Liebe» schlechthin. Seit Erscheinen ihres Briefwechsels 1997 stehen die beiden aber fast wieder so anstößig da wie zu Beginn ihrer Beziehung. War die Liebe am Ende doch nicht so «frei»? Liegen hinter der Fassade intellektueller Libertinage Unterdrückung und bisexuelle Neigungen verborgen?

Walter van Rossum, Dr. phil., geboren 1954, veröffentlichte zahlreiche Aufsätze zu Literatur und Philosophie und erhielt den Ernst-Robert-Curtius-Förderpreis für Essayistik. 1990 erschien seine Studie «Sich verschreiben. Jean-Paul Sartre 1939 – 1953». Er lebt als freier Autor in Köln.

Walter van Rossum

Simone de Beauvoir und Jean-Paul Sartre

Die Kunst der Nähe

Rowohlt Taschenbuch Verlag

Veröffentlicht im Rowohlt Taschenbuch Verlag
GmbH, Reinbek bei Hamburg, Oktober 2001
Copyright © 1998 by
Rowohlt · Berlin Verlag GmbH, Berlin
Alle Rechte vorbehalten
Umschlaggestaltung any.way, Cathrin Günther
(Foto: Ullstein Bilderdienst)
Bildnachweis siehe S. 171
Gesamtherstellung Clausen & Bosse, Leck
Printed in Germany
ISBN 3 499 23042 9

Inhalt

Dem Andenken an meine
Mutter Margret van Rossum und
für Susanne & O.

Notenschlüssel

Das Leben ist eine Baustelle – und die Liebe auch. Wer das nicht erträgt, braucht nicht weiterzulesen. Hier geht es um die Geschichte zweier Menschen, die versucht haben, auf dem Schotter der Ungewißheiten ein Reich der Verbindlichkeiten zu errichten. Es war nicht immer leicht und ist nicht immer gelungen. So ist das in Zeiten, wo jedes Leben zum Selbstversuch wird.

Simone de Beauvoir und Jean-Paul Sartre haben über die Wonnen und Schrecken der Ungewißheit – ihr Deckname ist: Freiheit – nicht nur ein Leben lang geschrieben, sie haben sie sich auch zur alltäglichen Herausforderung gemacht. Beides – die Kunst der Schrift und die des Lebens – wirft man ihnen heute vor. Das liegt nicht an ihnen, sondern an uns: den in die Jahre gekommenen Kindern, die wir gelassen den diversen apokalyptischen Angeboten entgegensehen und gleichzeitig ein so radikal revolutionäres Unternehmen wie die Orthographiereform als Gefährdung innerster Bestände wahrnehmen.

Simone de Beauvoir und Sartre haben versucht, denkend und schreibend betretbare Welten zu schaffen. Sie haben sich deshalb weder um universitäre Leichenhallen noch um künstlerische Glasperlenspiele geschert. Über die akademischen und ästhetischen Stilideale, besonders in Frankreich, haben sie gelächelt. Nicht zuletzt durch ihren politischen Widerstand haben sie einen Haß erregt, der vor allem von Ahnungslosigkeit genährt wird. Einen Haß, der schon zu ihren Lebzeiten im Schatten ihres stets problematischen Ruhms lauerte und sich von Zeit zu Zeit entlud. Schließlich und endlich haben sie es gewagt, unsere plumpeste und teuerste Glücksphantasie, die bestehende Liebesordnung, grundsätzlich in Frage zu stellen. Es gibt kaum einen Dreck, den man ihnen deshalb nicht angedichtet hätte. Inzwischen können wir weiter den Instruktionen der Schlager folgen und die Kosten dafür beim Therapeuten entrichten.

Aber es geht hier nicht um die Geschichte ihrer Skandale, sondern um den Skandal einer außergewöhnlichen Glückssuche. Das heißt natürlich nicht, daß der Weg immer glücklich gewesen wäre. Er war manchmal hart gepflastert und sogar abschüssig. Allerdings hatten Jean-Paul Sartre und Simone de Beauvoir eine Beziehung, die nicht nur fünfzig Jahre lang währte, sondern auch fünfzig Jahre lang eine Dichte hielt, an der unsere ganz normale Beziehungsspießerei verzweifeln muß. Wer bietet mehr? Wer wirft den ersten Stein?

Es gibt außergewöhnlich viele autobiographische Berichte, Statements und Zeugnisse der beiden über ihr Leben. Es gibt zudem schier unübersehbare Mengen biographischer Kommentare, Berichte und Interpretationen von Freunden, Zeitgenossen, Feinden und Schriftgelehrten. Viele dieser Einlassungen sind von Freundschaft, persönlicher Betroffenheit oder von Feindschaft diktiert, im Dickicht der Zeitgenossenschaft entstanden und als solche zu verstehen. Ich verzichte weitgehend darauf, die verschiedenen Schichten von Memoiren, Briefen, Tagebüchern, Romanen und externen Aussagen philologisch auseinanderzuhalten oder kritisch zu rekonstruieren. Das ergäbe ein anderes, ein akademisches Buch. Ich werde versuchen, die Konturen dieses Paares so darzustellen, wie sie mir – nach neuestem Stand des Wissens – durch alle diese Schichten hindurch erscheinen und eine sinnvolle, wenn auch abenteuerliche Geschichte ergeben. Stillschweigend werde ich die Decknamen in den Briefen, Tagebüchern und anderen Texten durch die richtigen Namen ersetzen, soweit sie mir bekannt sind. Seit 1990, seit dem Erscheinen der beiden Bände von Simone de Beauvoirs

Briefe an Sartre und der Publikation ihres *Kriegstagebuchs 1934–41* in Frankreich, wissen wir entschieden mehr. 1997 schließlich sind Simone de Beauvoirs Briefe an den amerikanischen Schriftsteller Nelson Algren, ihren zeitweiligen Geliebten, erschienen. Damit sind die meisten Biographien über die beiden, besonders wo es um das Verständnis des Paars geht, überholt.

Die Kunst der Nähe
aus dem Geist der Entfernung

Erregter Austausch von Innigkeitsadressen – Simone de Beauvoir an Jean-Paul Sartre: «Ich liebe Sie so sehr, mein zarter Kleiner, heftiger denn je. Und ich werde Sie wiedersehen. Ich liebe Sie und umarme Sie leidenschaftlich, Sie, der mein Leben so schön gemacht hat.» So wiederholt sich das über viele Monate, und in der extremsten, dichtesten Fassung besagt das Bekenntnis: «Sie sind mein Leben, mein Glück und ich selbst.» Und was antwortet die Quelle aller ihrer Wonnen, die Spiegelfläche ihres Lebens, ihr Leidenschaftszentrum, Jean-Paul Sartre? «Sie sind ich.» Nicht mehr, nicht weniger. «Ich bin ganz gerührt von Ihnen, ich liebe Sie. Ich habe nie so stark gespürt, daß unser Leben keinen Sinn mehr hat außerhalb unserer Liebe und daß nichts etwas daran ändert, weder die Trennung noch die Verliebtheiten, noch der Krieg. Sie sagten, das sei ein Erfolg für unsere Moral, aber es ist genauso ein Erfolg für unsere Liebe. Ich liebe Sie.» Fast fromm sind die beiden da täglich in gegenseitige Credos verstrickt. Dergleichen überschreitet den Taumel beginnender Liebe bei weitem. Wir schreiben das Jahr 1939. Simone de Beauvoir und Jean-Paul Sartre sind seit zehn Jahren ein Paar. Aber jetzt bläst die Geschichte zum großen Sturm. Und hier halten sich zwei ganz fest.

Am 2. September 1939 findet sich Sartre, der aufgehende Stern am Pariser Literaturhimmel, im Zug an die Front wieder. Deutschland hat Polen überfallen. Frankreich – vertraglich verbunden – erklärt Deutschland den Krieg. Ein politischer Akt, militärisch kaum vorbereitet – und die meisten Franzosen fragen sich, warum sie für Danzig sterben sollten. Halbherzig und mit ein paar abstrakten Überzeugungen im

Tornister zieht die Nation in einen Krieg, den sie entschlossen nicht führen will.

So wird der schreibende Lehrer Sartre in eine Uniform gesteckt und als einfacher Soldat an die deutsch-französische Grenze im Elsaß geschickt. Dort erwarten ihn, den trainierten Individualisten, das kollektive Leben in Behelfsunterkünften, die Rituale der Hierarchie, der Dienst in einer meteorologischen Einheit, kurz: das Soziale im militärischen Alarmzustand. Nur wenige Tage und Sartre ahnt, daß dieser Betriebsausflug der Geschichte verdammt lange dauern könnte. Er sträubt sich nicht groß. Ihm dämmert, daß seine Situation die menschliche Grundsituation verkörpert. Er hat den Krieg nicht gesucht, aber die Mobilisierung verfügt ihn kurzerhand an irgendeine Front. Trotzdem ist er nicht das passive Objekt der Geschichte. In gewisser Weise muß er den Krieg erfinden, *seinen* Krieg. Wird er davonlaufen, wenn das Feuer alles in Brand schießt? Oder wird er mit Überzeugung gegen Hitlers Armeen antreten? Ausgesetzt den unübersehbaren kollektiven Kräften, muß er sich doch in ihnen hervorbringen. Diese Gemengelage bildet bald den Grundstoff seiner Werke: Der Mensch gehört sich nicht ganz, noch kann er sich vergessen. Was ihm widerfährt, macht ihn und er macht es – der Krieg, die Eltern, die Schule, die Sprache, die Träume. Weder Spielball der Mächte noch Lenker der Kräfte – mitten in einer unüberschaubaren Praxis bringen wir praktisch das «eigene» Leben hervor. Ohne Versicherungsinstanzen noch der Möglichkeit auszuweichen, denn auch die Flucht holt uns als unsere Wahl wieder ein. Der Mensch kennt sich nur aus der Ferne – und seit langem sucht er Unterschlupf in den Gesetzen der Ferne: beim lieben Gott, im Unbewußten, in der Ökonomie, der Rasse, dem Nervensystem, den Strukturen oder – neuerdings – im Tumult des anything goes. Aber das menschliche Dasein trägt das Nicht-Identische in die Welt und *muß* daraus etwas machen. Der Krieg hat Sartre erwischt, aber Sartre muß *seinen*

Krieg erfinden. Das versteht er auf Anhieb unter dem hohen Atmosphärendruck der Geschichte. Die nächsten Monate stehen im Zeichen einer Tiefenbeschreibung dieser Grunderfahrung.

«Fest steht, daß ich mir ab 1939 nicht mehr gehörte», wird er später sagen. «Der Krieg hat mein Leben in zwei Teile geteilt. Er brach aus, als ich vierunddreißig Jahre alt war, und er endete, als ich vierzig war – das war für mich die Zeit des Übergangs von der Jugend zur Reife.» Aber der Krieg bleibt einstweilen kalt. Von September 1939 bis Mai 1940 fällt kaum ein Schuß. Diese Monate nennen die Franzosen *la drôle de guerre*, den «komischen Krieg». «Hitler hat den Krieg [mit Frankreich] verfaulen lassen», schreibt Sartre, um ihn dann binnen sechs Wochen – im Mai/Juni 1940 – gewinnen zu können. In diesem faulenden Krieg richtet Sartre sich ein. Mittels beinahe manischer Schreibtätigkeit häutet er sich. Und wenn er sein Leben lang an eine Definitionsmacht der Schrift über das Leben und die Realität glaubt, dann, weil er sie an sich ausprobiert hat.

Wenn er nicht gerade ein paar nutzlose Wetterballons steigen läßt oder ein bißchen Telefondienst schiebt, schreibt er. Was kritzelt er da zur Verblüffung seiner Kameraden zehn, zwölf Stunden täglich aufs Papier? Er beendet seinen zweiten Roman *Zeit der Reife*, der erst nach dem Krieg erscheinen wird und den er unter dem Druck der geschichtlichen Umstände fast ganz neu schreibt. Aber mit noch viel mehr Hingabe widmet er sich seinem Tagebuch, das er nur in der Zeit der *drôle de guerre* führt. «Ich habe jede Menge Ideen im Moment, und ich bin sehr froh, dieses kleine Heft zu führen, denn es läßt sie entstehen. (...) Das kommt mir vor wie ein kleines geheimes Leben über dem anderen, mit Freuden, Sorgen, Gewissensbissen, von denen ich ohne dieses kleine schwarze Ding aus schwarzem Leder nicht die Hälfte gekannt hätte.»

Von den 15 Tagebuchheften, die er zwischen September

1939 und Juni 1940 gefüllt hat, sind nur sechs erhalten. Sie allein stellen ein Konvolut von über sechshundert Druckseiten dar. So daß man den Umfang des Tagebuchs auf über 1500 Druckseiten hochrechnen darf. Nichts ist seiner Tinte zu schade. Auf der lauernden Suche nach seinem Stoff verwandelt sie alles in Schrift und in Theorieübung: seine unbeherrschte Brotfresserei, das Treiben seiner Kameraden, die eigenen Frauengeschichten, die Auseinandersetzung mit den gelesenen Büchern, die biographische Rechenschaft, die nur dem Zweck dient, auf dem Humus der Vergangenheit die Blüten der Zukunft hochzuziehen. «Ich versperre mich gegen alles, was mein früheres Leben ausmacht», wiederholt er unermüdlich. Und in seinem Heft finden wir die mäandernden Skizzen der Zukunft. Etwa die frühesten Entwürfe zu seinem ersten philosophischen Hauptwerk *Das Sein und das Nichts*, das 1943 erscheinen wird. Hier entstehen die großen Problemkonstellationen, deren Entwirrung Sartre die nächsten vierzig Jahre beschäftigen wird.

Diese Tagebücher haben – außer der Selbstverständigung – noch eine andere Funktion. Sie sind nicht nur Simone de Beauvoir auf der ersten Seite der ersten Kladde in Großbuchstaben *gewidmet*: «Für meinen reizenden Castor». (Das ist von Anfang an ihr Kosename, und zeitlebens werden sie sich als Castor und Sartre ansprechen. Übrigens huldigen sie einer schon damals etwas altmodischen Sitte: Sie siezen sich.) Die Tagebücher sind auch *für* sie: «Alles, was mir widerfährt, gedenke ich Ihnen zu schreiben. Dieses kleine Heft, das ich führe, ist nur dazu da, daß ich es Ihnen zeigen kann. Ich kann nicht getrennt von Ihnen sein, denn Sie sind so etwas wie die Konsistenz meiner Person.» Das geht weit: «die Konsistenz meiner Person» – vor allem, wenn man in Betracht zieht, daß Sartre weder damals ein Mann der Symbiose war noch je einer sein wird, eher ein Künstler des Verrats, wenn Verräter denn die sind, die wissen, daß alles Verweilen gestundet ist. Aber die Wahrheit ist, daß diese

Hochleistungsmaschine Sartre sich nur dann in das Inferno der Geschichte und in das Abenteuer unabsehbarer Selbstveränderung stürzen konnte, weil es ein feuerfestes Scharnier der Zeitenwende gab: Simone de Beauvoir – Castor: «Sie sind ich.»

Das war nicht immer so. Im September 1937 schreibt Sartre an seinen «reizenden Castor»: «Aber ich liebe Sie sehr als eine Person, die nicht ich ist, und ich habe große Lust, Ihren kleinen Kopf wiederzusehen, mein reizender Castor.» Und auch bei Simone de Beauvoir finden wir noch im Juli 1939 eine Formel, die eher der Distanz huldigt: «Auf Wiedersehen, Sie anderer, meine Liebe, mein Leben – ich liebe Sie.» Dieser komisch faulende Krieg hat sie enger zusammengeführt als je zuvor. Kurz vor dem zehnten Jahrestag ihres ersten Liebesschwurs schreibt Sartre am 2. Oktober 1939 zwar: «Wenn es notwendig gewesen wäre, zu spüren, wie sehr wir vereint sind, wäre an diesem Phantomkrieg zumindest das Gute gewesen, daß er es hätte spüren lassen. Aber es war nicht nötig. (...) Mon amour, Sie sind nicht ‹eine Sache in meinem Leben› – auch nicht die wichtigste –, denn mein Leben hängt nicht mehr von mir ab, ich vermisse es nicht einmal, und Sie sind immer *Ich*. Sie sind noch viel mehr, Sie erlauben mir, jede Zukunft und jedes Leben ins Auge zu fassen. Man kann nicht vereinter sein, als wir es sind.» Und doch war der Krieg nötig, denn Simone de Beauvoir notiert noch im Dezember 1939 in ihr Tagebuch: «Zwei lange ganz bewegende Briefe von Sartre, ohne diesen Krieg hätte ich seine Liebe zu mir niemals gekannt – noch hätte ich mich der meinen so süß hingegeben, ich war dabei, abzukühlen.»

Wenn Sartre sagt, man könnte nicht vereinter sein als die beiden, dann stimmt das vor allem in Anbetracht all des Trennenden. Zum Beispiel trennt sie eine äußerst ungewisse Zukunft. Wie lange wird der komische Krieg noch dauern? Und wird aus dem Wartekrieg je eine blutige Schlacht? Wenn ja – wird Sartre womöglich fallen? (Für diesen Fall hat Castor übrigens sogleich ihren eigenen Tod ankündigt.) Wird Paris – das Biotop ihrer bisherigen Bohème-Existenz – den Krieg überstehen? Die Zukunft schwankt im gebieterischen Schweigen unkontrollierbarer kollektiver Kräfte. Über die entgleisende Geschichte hinaus und in ihr sucht Sartre eine ihm noch unbekannte «eigene» Zukunft. Überall lauern unberechenbare Entfernungen. Berechenbar hingegen, wenn auch schier unüberwindlich, erscheint die Strecke zwischen Paris und dem Elsaß. Tatsächlich werden sich die beiden in den anderthalb Jahren von September 1939 bis März 1941 nur dreimal kurz sehen: Es ist die längste Trennung in ihrer fünfzigjährigen Beziehung. Im November '39 schlägt sich Castor mit erschwindelten Passierscheinen bis ins Elsaß durch, wo sie fünf Tage in Sartres Nähe verbringen kann. Im Februar und April '40 kann Sartre jeweils für einige Tage auf regulären Urlaub nach Paris kommen. Das ist alles. Im Mai 1940 beginnt die deutsche Offensive, die bereits im Juni mit der französischen Kapitulation endet. Sartre gerät an seinem 35. Geburtstag – ohne nähere Bekanntschaft mit dem Feuer des heißen Krieges gemacht zu haben – in deutsche Gefangenschaft. Er verbringt neun unkriegerische, arbeits- und erfahrungsreiche Monate in einem Lager in der Nähe von Trier.

Man kann einander nicht näher sein – angesichts so zahlreicher Trennungen. «Die Liebe ist keine Symbiose», notiert Castor in ihrem Tagebuch. Ein Prinzip, das Sartre wahrscheinlich anfangs in die Beziehung eingeschleppt und das Castor anerkannt hat, auch wenn es einige Zeit dauern sollte, bis es sich mit ihrem Herzschlag vertrug. Was sie denn sein könnte, die Liebe, wenn der romantische Kern ihr verwehrt bleibt, das haben beide mühsam lernen müssen. Jetzt, in den Zeiten umbrechender Geschichte, im halb ersehnten, halb gefürchteten Ausnahmezustand, zeigt sich, was sie können. Das Geheimnis ihrer Einigkeit leuchtet im Dunkel der Distanzen.

«Sie sind ich» – das hätte im romantischen Sinn eine Ekstase des Schweigens bedeutet, ein Aufheben aller Bedeutungen, aller Differenz, die Hinwegnahme der Sünde der Existenz. Bei Sartre und Castor bedeutet es das Gegenteil: eine Explosion der Redeströme, enorme Wortumschlagsbewegungen, endlose Papierschlangen. Wo gesprochen und geschrieben wird, ist alles doppeldeutig, fließend, umkehrbar. Und auf dem Grund unserer selbst hören wir den andern, der uns bespricht. Er ist es, der der schwankenden Währung der Worte Geltung und Deckung verschafft. Er dringt nicht als fremde Besatzungsmacht in uns ein: Wir haben ihn gesucht und gewählt und ihm als *meinem* anderen jene Privilegien eingeräumt. Die Frage ist, ob ich mich in ihm suche oder ob ich mich in seiner Macht verlieren will. Wenn der andere zum Echoraum meiner Stimme wird, in dem ich mich «verstehe», ohne je zu wissen, wer ich bin, dann geht das auf mit dem «Sie sind ich». Jeder Mensch ist ein unermeßliches Territorium – auf dem er sein «Ich» selbst absteckt. Wenn Sartre sich in seinen Tagebüchern zu ergründen und neu zu begründen versucht, dann orientiert er sich an den Grenzen der Kommunizierbarkeit, dann nimmt er auf seine Reise den Blick jener privilegierten Leserin mit, der die Tagebücher gewidmet sind: Castor. Die also in gewisser Weise zur Mitverfasserin wird. Übrigens wird Sartre später seine berühmt-berüchtigte These von der «engagierten Literatur» in *Was ist Literatur?* (1947) nach diesem Modell gestalten, denn die «engagierte Literatur» ist nichts anderes als der Pakt von Autor und Leser, die *gemeinsam* erst den literarischen Text zum Sprechen bringen und darauf eine Welt errichten. So entsteht auch im Text zwischen den beiden Liebenden ihre Welt.

Sprache gibt es nur, weil es Trennungen gibt. Die Sprache ist die unendliche Bearbeitung der Trennung und die unendliche Wiederherstellung der Trennung. Die gelungene Kommunikation ist die, wo noch nicht alles gesagt ist und wo man alles noch wird sagen können. Darin steckt der tiefere Sinn von Sartres Zuversicht: «Sie erlauben mir, jede Zukunft und jedes Leben ins Auge zu fassen.» Und darin gründet auch Castors hundertfach bekundetes Vertrauen, daß ihr, solange Sartre – wo auch immer – auf der Welt sei, nichts geschehen könne. Die kommunikative Symbiose der beiden bedeutet zugleich die wechselseitige größte Herausforderung und den größten gegenseitigen Schutz.

Wie sehen die Mysterien dieser Symbiose konkret aus? Von Sartres Tagebüchern haben wir gehört. Castor bekommt sie bei nächster Gelegenheit zu lesen, und sie liest sie mit Begeisterung. So bleibt sie im Detail auf dem laufenden über Sartres Suchbewegungen. Er will sich unbedingt in die Karten schauen lassen. Auf diese Weise sorgt er dafür, nachvollziehbar zu bleiben. So sehr er mit dem Gedanken spielt, radikal mit seiner Vergangenheit zu brechen und völlig neue Haltungen einzunehmen, so wichtig ist es ihm, eine Spur zu hinterlassen, entlang der wenigstens Castor ihn finden könnte.

Auch Simone de Beauvoir führt ein Tagebuch, das wiederum Sartre liest. Aber dann gibt es noch die (all)tägliche konkrete Existenz, hier eine in Paris, dort eine im Kasernenmief unweit der möglichen Front. Ihre täglichen und mehrseitigen Briefe dienen dieser gegenseitigen Teilhabe am «unmittelbaren Leben» (Sartre) des anderen. Sartre expediert seine alltägliche Existenz im fremden Milieu ins kriegsverdunkelte Paris, während er durch Castors Briefe minutiös am Pariser Leben teilnimmt.

«Es macht mir Spaß, Leute zu sehen, vor allem um Ihnen davon zu erzählen, ich habe in diesen Fällen wirklich das Gefühl, an Ihrer Stelle zu leben, stellvertretend; ich möchte, daß Sie auch dieses Gefühl haben, daß es wie *Ihr* Leben ist, das durch mich weitergeht, und nicht nur ein Bericht über mein Leben, den ich an einen armen Eremiten richte», schreibt Simone de Beauvoir an ihren gierigen Lebensteilhaber. Genau die Nahrung, die der braucht: «Sie leben für mich *mein* Leben. (...) Sie sind für mich beständig das alles: Sie sind mein ganzes Leben, das ich bei meiner Rückkehr wiederfinden werde.» Denn der liebe kleine Castor ist «sehr genau ein Teil von mir außerhalb des militärischen Bereichs. Wir sind nur einer.» Und ganz konsequent mault er ein bißchen, als sie Ende September plant, für einige Tage nach Quimper, in die Bretagne, zu fahren. Er fühle sich ein wenig im Stich gelassen, wenn seine Stellvertreterin den Pariser Außenposten aufgibt. «Es ist, als hätten Sie mich verlassen.» Ansonsten gilt auch für ihn: «Bei allem, was mir widerfährt, denke ich sofort daran, es Ihnen zu erzählen. Wir sind eins.»

Und doch nicht ganz. Da sind eben die Entfernungen zwischen ihnen, die zu überbrücken es so seine Zeit braucht. Drei, vier, fünf Tage. Manchmal geht sogar eine der täglichen Briefsendungen verloren. Andere werden von der Militärzensur geöffnet, weshalb die beiden über bestimmte Dinge gar nicht oder nur in verschlüsselter Form reden. «Ich brauche Gegenwart», fleht Sartre in einem seiner Briefe an Castor. Und er meint es ganz ernst damit. Deshalb leidet er an den Zeitverschiebungen durch die Postwege: «Zum Beispiel brauchen die Briefe, die ich bekomme, drei Tage, bis sie ankommen. So daß mein Leben zwischen der Vergangenheit und der Zukunft schwebt. Die Ereignisse, von denen ich erfahre, sind schon lange vergangen, und sogar die kurzfristigen Pläne, die man mir mitteilt, sind bereits verwirklicht (oder gescheitert), wenn ich Kenntnis davon erhalte. Die Briefe, die ich bekomme, sind von Zukunft umgebene Gegenwartszipfel, aber es ist eine von einer toten Zukunft umgebene Vergangenheits-Gegenwart. Und ich selbst, wenn ich schreibe, schwanke immer zwischen zwei Zeiten: derjenigen, in der ich mich befinde, wenn ich die Zeilen für den Empfänger schreibe, und derjenigen, in der sich der Empfänger befinden wird, wenn er sie liest.» Er braucht Gegenwart, weil er in einem verwirrenden Zeitgefüge lebt: Zunächst ist da seine unmittelbare soldatische Gegenwart, von einer uneinsehbaren Zukunft umnebelt. Eine Etage höher schwebt er in der vierten Dimension: im Hypothetischen. In der Welt der Tagebücher lebt er ins Unreine. Auf dem Papier verbrennt er seine Vergangenheit, um aus ihrer Asche seine Zukunft zu zeugen. Schließlich nimmt er an der ihm brieflich nachgeschickten Existenz in Paris teil. Und in gewisser Weise steuert er sein Pariser Fortleben durch seine Briefe nach Paris – nicht nur an Castor. Zeitweise schreibt er noch täglich an zwei weitere Freundinnen: Wanda Kosakiewicz und Bianca Bienenfeld. Beide Damen antworten fleißig. Alle diese verschiedenen Lebensbühnen haben nur eine gemeinsame externe Zuschauerin, bei der alle Fäden zusammenlaufen, ob sie nun will oder nicht: Castor. Und sie will – «das Gespräch wird fortgesetzt».

Diese tagtäglichen Transkriptionen des unmittelbaren Lebens zu Zeiten des Krieges haben etliche Kritiker in Erstaunen versetzt, um nicht zu sagen: bestürzt. Hier tauscht das wahrscheinlich prominenteste Intellektuellenpaar des 20. Jahrhunderts, wenn auch noch am Anfang seiner Karriere, täglich Briefe in einer epochalen Krisensituation – und was findet man darin? Parlando: Mitteilungen über Speisepläne; Tratsch über Freunde hier, Kameraden dort; einerseits Szenen aus einem fast surreal kriegsumlauerten Paris, das auf dem Vulkan tanzt, andererseits Soldatenklatsch; erotisches Geplänkel; Stundenpläne des Schlafens, Arbeitens, Essens, Liebens; Kaffeepreise; Buchtitel; Spaziergänge – alles im matten Glanz einer ganz und gar intimen Poesie. Sie verfassen keine Literatur, keine Überblicksartikel zur historischen Lage, keine philosophischen Höhenkammreflexionen. Das muß unsere redlichen Kritiker natürlich aus der Fassung bringen. Sie suchten Literatur und finden das Leben. Was für eine Zumutung! Entsprechend ahnungslos über die Funktion dieser Briefe, verkennen sie einzigartige Zeugnisse einer ungewöhnlichen Liebe.

Ein Symptom auch für die merkwürdige Schulung der Literatur in Sachen Liebe. Wir knien vor Kafkas Briefen an Milena oder Felice. Fesselnde Dokumente eines erhabenen Scheiterns des Schriftstellers vor den Niederungen der Nähe. Die Literatur führt uns in den seltensten Fällen bis zur Hochzeit. Sie verkündet den Ruhm der Liebe im Gesang ihrer Fallhöhe. Über den Kreuzgang der Dauer – jenseits der Institutionalisierung der Liebe in der Ehe – pflegt sie wenig Worte zu verlieren. So sind wir denn sehr wenig geschult, die Innigkeit zu verstehen, mit der die beiden aus trivialer Prosa den Stoff ihres dauerhaften Zusammenhangs weben. Sie schreiben an einem heiklen Roman ohne Vorläufer. Inmitten des historischen Umbruchs erplaudern sich Simone de Beauvoir und Jean-Paul Sartre ein privates Kontinuum, das den blutigen Ernst der Geschichte zu ignorieren scheint und in Wahrheit eher dazu dient, sich von der Geschichte nicht zerreißen zu lassen.

Wie ergeht es eigentlich Simone de Beauvoir, nachdem sie am 2. September 1939 morgens um 7.50 Uhr Sartre an der Gare de l'Est in den Zug Richtung Krieg gesetzt hat? «Wir sprachen noch miteinander auf dem Bahnhof, über eine Kette hinweg, dann geht er, sein Rücken, sein Nacken verschwinden. Ich gehe schnell weg, ich laufe, solange ich laufe, scheint mir, wird es gehen, ich darf nur überhaupt nicht stehenbleiben. Ein so schöner Herbstmorgen ...» Und so läuft sie in den Herbstmorgen und dann in den Winter. Sie läuft vor dem Krieg davon. Manisch stürzt sie sich in ihre mit Bedacht prall gefüllten Tagesabläufe. Sie schart die «kleine Familie» um sich, die sie und Sartre in den letzten Monaten aufgebaut haben. Drei Jahre jünger als Sartre, gerade mal einunddreißig, aufregende und bewunderte Philosophielehrerin, angehende Schriftstellerin noch ohne Veröffentlichung, schaut sie zunächst dem angekündigten Krieg nicht ins Auge, sondern läßt sich von seinen Bedrohungen hetzen.

In erster Linie fürchtet sie natürlich um Sartres Leben, auch wenn der sie unablässig beruhigt und sich tatsächlich kaum gefährdet fühlt. Anders steht es um ihren gemeinsamen Freund Jacques-Laurent Bost, einen ehemaligen Schüler Sartres und Intimfreund Castors – er muß fürchten, im Falle heißer Gefechte in die vorderste Frontlinie zu geraten, und in der Tat wird er später verwundet. Angesichts dieser konkreten – in ihren Tagebüchern immer wieder ausgemalten – Ängste schwankt der Rahmen ihrer bisherigen Existenz. Zum ersten Mal seit zehn Jahren ist sie auf unabsehbare Zeit von Sartre getrennt. Die Freiheit, sich zu sehen, haben sie verloren. Nie war es schwerer, seinen Weg allein zu finden. Bedroht sind die hart erworbenen Freiheiten einer unabhängigen Philosoph*in* und Intellektuellen; bedroht ist das heitere geschichtliche und politische Arrangement des forciert ahnungslosen Vorkriegslebens in Frankreich, das sie und Sartre ausgiebig genossen hatten; bedroht ist schließlich die fast schon mit Händen greifbare Eroberung der Zukunft – im Steilanstieg ad parnassum. Alles schwankt – und Castor mauert ihren lückenlos dichten Alltag dagegen.

Ab Oktober unterrichtet sie an zwei renommierten Pariser Gymnasien. Sie verfüttert Routinestoff an ihre Schülerinnen. Doch im verknöcherten Betrieb des französischen Unterrichtswesens macht die schöne, junge, geschminkte und unorthodoxe Lehrerin enormen Eindruck bei ihren Eleven. Sie lebt in einem bescheidenen Hotel, ist unverheiratet, verkehrt mit verschiedenen Männern und in Künstlerkreisen, kurz, eine Bohémienne. Allerdings sind ihre ersten Schreibversuche gescheitert. Der erste Romanversuch in fünf Episoden *Marcel, Chantal, Lisa …* ist 1937 von zwei Verlagen abgelehnt (und erst 1979 veröffentlicht) worden. Entsprechend verunsichert arbeitet sie an ihrem zweiten Versuch, der nur allmählich gedeiht. *Sie kam und blieb* wird erst während der Besatzungszeit fertig, erregt jedoch bei seinem Erscheinen 1943 auf Anhieb einiges Aufsehen. In diesem Roman geht es um zwei Frauen und einen Mann: Françoise, Xavière und Pierre – das heißt: Castor, Olga und Sartre. Die Geschichte des Buches kreist um Erfahrungen aus der Mitte der dreißiger Jahre, als Castor und Sartre ihre Beziehung um eine dritte Ecke erweiterten: Olga Kosakiewicz.

Olga wurde 1917 in Rußland geboren. Ihre französische Mutter hatte einen wohlhabenden Weißrussen geheiratet. Nach der Revolution floh die Familie nach Frankreich und lebte in einem kleinen Ort bei Rouen. Dort kam auch Wanda zur Welt, Olgas jüngere Schwester, die später ebenfalls eine große Rolle in der Castor / Sartre-Familie spielen wird. Olga besuchte das Gymnasium in Rouen, an dem Simone de Beauvoir von 1932–1936 unterrichtete. Auf Anhieb verfiel sie wie andere Schülerinnen auch ihrer glitzernden Lehrerin und versuchte, sie außerhalb des Unterrichts zu treffen. Was ihr gelang, denn auch Castor war von diesem demütig-kapriziösen Engel angetan. Nach seiner Rückkehr von einem einjährigen Studienaufenthalt in Berlin 1933/34 verliebte sich Sartre auf der Stelle in die hübsche Siebzehnjährige. Und hier nahm dann jene dramatische Dreiecksbeziehung ihren Lauf, von der später noch die Rede sein wird. Sowohl in dem Roman *Sie kam und blieb* wie in ihren späteren Memoiren und Interviews verschweigt (und gelegentlich: leugnet) Castor, daß sie zu Olga eine intensive erotische Beziehung hatte. Das aber können wir heute eindeutig aus verschiedenen Bemerkungen in ihren Tagebüchern und in ihren Briefen an Sartre schließen.

Ihre Briefe und Tagebücher sind einige Jahre nach Simone de Beauvoirs Tod von ihrer Adoptivtochter Sylvie Le Bon de Beauvoir unzensiert veröffentlicht worden. Im Gegensatz übrigens zu Sartres Briefen an Castor, die kurz nach Sartres Tod von Simone de Beauvoir herausgegeben worden sind – um manche Delikatheit verkürzt, sind einige beteiligte Personen mit Decknamen versehen. Trotz dieser Eingriffe verfügen wir mit beiden Tagebüchern und dem Briefwechsel für den Zeitraum von 1939 bis 1941 über die unmittelbarsten, das heißt am wenigsten gelenkten Auskünfte über ihr Leben. Und von hier aus lassen sich auch zahlreiche überraschende Schlüsse über ihre Anfangszeit ziehen.

Olga jedenfalls präsidiert als ältestes Kind im Kreis der «petite famille», die nicht umsonst so heißt, denn es gibt jede Menge Knatsch in diesem Völkchen. Man darf davon ausgehen, daß die erotischen Bindungen Olgas sowohl an Castor wie an Sartre zu Anfang des Krieges erloschen sind. Trotzdem unterhalten sie eng vertraute Beziehungen. Castor und Sartre finanzieren ihr – lustlos aufgenommenes – Studium (das später einer Karriere als Schauspielerin weicht), und sie wohnen meist im gleichen kleinen Hotel am Montparnasse.

Als Retter in der Not der immer hoffnungsloser entgleisenden Dreiecksbeziehung Castor-Olga-Sartre hat sich 1937 Jacques-Laurent Bost erwiesen, genannt der «kleine Bost» (im Gegensatz zu seinem «großen» Bruder Pierre, dem Schriftsteller und Lektor des Verlages Gallimard). Mitte der dreißiger Jahre war er in Le Havre Sartres Lieblingsschüler gewesen. Völlig unkonventionell, genoß auch Sartre bei seinen Schülern größte Bewunderung, die indes – soweit bekannt – niemals ins Erotische umschlug. Der kleine Bost jedenfalls entführte Olga aus den Klauen ihrer reichlich kopflos gewordenen «Adoptiveltern» und begann mit ihr eine Beziehung, die später in eine Ehe mündet. Damit aber waren Castors erotische Verstrickungen mit Olga noch nicht ganz beendet. Sie werden auf seltsamen Umwegen fortgeführt.

Im Sommer 1938 unternimmt sie nämlich mit dem kleinen Bost eine Wanderung durch die französischen Alpen – und: «Ich habe mit dem kleinen Bost vor drei Tagen geschlafen – natürlich habe ich es ihm vorgeschlagen», teilt sie Sartre in einem Brief vom 27. Juli aus Albertville in Savoyen ganz sachlich mit. Wie das so geht. Es regnet in Tignes, und die beiden übernachten in einer Scheune. Da liegen sie im

Abstand von ein paar Zentimetern. Lust liegt in der Luft. Simone gibt grünes Licht. Etwas verlegen macht Bost sich ans Werk. Es braucht noch eine Viertelstunde, bis er sich traut, die Geliebte seines ehemaligen und stets verehrten Lehrers zu küssen, und dann wird die Nacht leidenschaftlich – wie die folgenden Nächte auch. So zumindest schreibt Castor an Sartre, den sie in ein paar Tagen in Marseille treffen will, um sich mit ihm nach Marokko einzuschiffen. Er brauche sich aber keinerlei Sorgen zu machen: alles unter Kontrolle, bloß das erotische Aufblühen einer langgehegten innigen Sympathie. Sie werde jedenfalls nicht muffig und kopflos am Quai von Marseille erscheinen. Ganz im Gegenteil freue sie sich über alle Maßen, mit Sartre ein paar Wochen allein zu verbringen.

Der Regen von Tignes ist lange verrauscht, da sind Castor und der kleine Bost aber noch immer ein Paar. Deshalb sorgt sie sich in den Monaten des dümpelnden Wartekrieges furchtbar um Jacques-Laurent, erwartet fiebrig seine Briefe, sehnt sich nach seinem Körper und schickt ihm täglich Liebesgrüße, die sie auch von ihm erwartet und erhält. Und schon hat sie das sexuelle Erblühen einer sympathischen Beziehung etwas weniger unter Kontrolle. Argwöhnisch umschleicht sie Olga und versucht zu erkunden, ob die wohl etwas mehr Liebe als sie bekommt. Entzückt nimmt sie dann zur Kenntnis, wenn es zur Verstimmung zwischen den beiden kommt und der kleine Bost sich bei ihr über Olgas Kaprizen beschwert. Mütterlich interveniert sie zu Olgas Gunsten und erweitert gerade so ihr Territorium.

Wie nimmt Sartre denn im Sommer 1938 so die Nachricht von Simones Treiben mit seinem Lieblingsschüler auf? Natürlich als Sportsmann, der im übrigen gerade mal wieder alle Hände voll zu tun hat. Er frönt seiner Lieblingskrankheit: keine Gelegenheit auslassen zu können. Allein in Paris, treibt er es in jenem Sommer reichlich bunt. Zum Beispiel spannt er gerade seinem früheren Studienkollegen, dem später weithin berühmten Philosophen Maurice Merleau-Ponty, eine Partie aus: Martine Bourdin. «Sie hat also geschmollt, und ich habe geschimpft. Wir waren im Falstaff, und ich habe sie angeschnauzt. Darauf sank sie mir wie ein geknickter Baum in die Arme und forderte mich auf, sie mit zu mir zu nehmen, was ich getan habe. Sie hat dort die Nacht verbracht.» Und es folgen wortreich die Details der Nacht. «Wir haben uns ohne ein Wort befummelt, was den Bericht von dieser Nacht leichter macht. Ich habe *alles* getan, außer mit ihr zu schlafen.» Er ist von ihrer heftigen Sinnlichkeit ganz benommen. «Aber wenn man sich daran gewöhnt, ist es im Gegenteil ziemlich stark. Sie hat tropfenförmige Arschbacken, fest, aber unten schwerer, breiter als oben.» Und so weiter – schließlich gibt es da noch andere Arschbacken zu beschreiben. Etwa die einer gewissen Lucile («Die Bilanz ist folgende: es versteht sich, daß ich ein ausgemachter Fummler bin»). Er muß sich richtig anstrengen, damit er in seinem Rapport an Castor nichts durcheinanderbringt, «denn Sie sind lüsterner nach Geschichten als nach Liebesbeteuerungen. Doch Sie sollen wissen, daß es in meinem Herzen immer noch für Sie blubbert.» Also deutet er schon mal ein Rendezvous mit der gemeinsamen Freundin Gégé an.

Aber womöglich dreht sich das ganze Treiben nur um Wanda, Olgas jüngere Schwester und vielleicht noch kapriziöser als sie – das heißt für Sartre noch unwiderstehlicher. Kurzum, er bleibt also Olga verbunden, indem er jetzt ihre Schwester jagt. Seit Monaten ist er ganz dicht dran, aber sie versteht es wunderbar, sich ihm wieder zu entziehen. Der kleine Philosoph rast und greift zur List: Olga wird eingespannt. Sie möge ihrer kleinen Schwester doch stecken, daß er sich gerade mit der verdammt scharfen Martine vergnügt habe und dies wohl weiter täte, wenn … «Sie [Olga] war geschmeichelt wie ein Schweinchen, und es hat sie erschüttert, als ich, den Blick in die Ferne gerichtet, nüchtern und beherrscht mit monotoner Stimme sagte ‹Täuschen Sie sich

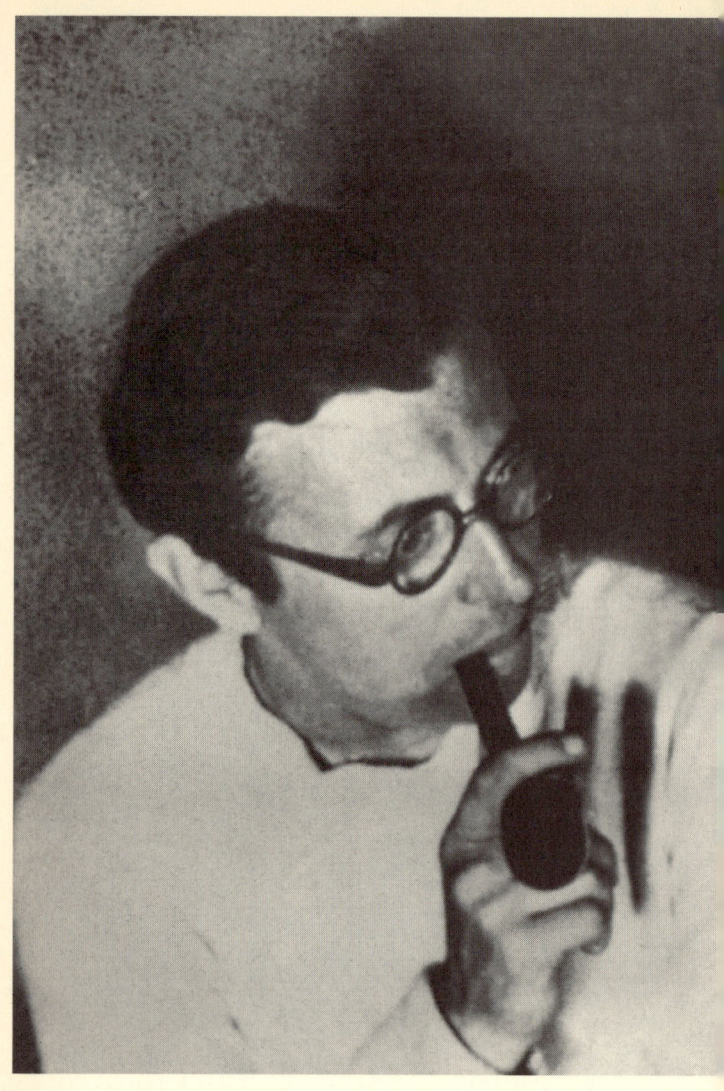

«Beide, aber ganz besonders Sartre, hatten etwas Verführerisches. Damit bauten sie zwischenmenschliche Beziehungen auf. Sie sprachen sehr klug über Dinge des täglichen Lebens, und zwar ständig ... Manchmal verwechselte ich sie sogar miteinander, obgleich sie vom Wesen her ganz ver-

schieden waren, weil sie einander in ihrem ständigen Gedankenaustausch so genau widerspiegelten ...» So schildert Lionel de Roulet das Paar, das er Mitte der dreißiger Jahre als Sartres Schüler kennenlernte. Später heiratete er Simone de Beauvoirs Schwester Hélène, genannt Poupette.

nicht, Ihre Schwester ist mir teuer wie ein Augapfel›. ‹Wenn Wanda sich töricht verhalten hat›, sagte sie sofort, und man hörte, daß sie uns zwei und unsere junge Liebe beschützen wollte, ‹werde ich versuchen, das wieder einzurenken, ich verspreche es Ihnen›. (Sie hat übrigens Wort gehalten und bis sechs Uhr morgens mit Wanda geredet, von der ich heute morgen einen vor Zärtlichkeit überströmenden Brief erhalten habe.)»

Seit 1938 ersetzt Wanda also Olga in Sartres Begehrlichkeitskatalog. Wie haben wir sie uns vorzustellen? Etwas jünger und – wenn sie keinen Speck ansetzt, den Castor manchmal fröhlich an ihr entdeckt – noch hübscher als Olga. Simone de Beauvoir wird später einmal über sie sagen: «Eine, die in einer unernsten, unheilverkündenden Art flirtete.» Kurz, Sartre läuft ernsthaft Gefahr, seine Meisterin zu finden. Die beiden zanken sich wie die Kesselflicker, immer mit der Aussicht auf üppige Versöhnung. Und so pinselt Sartre – natürlich für Castor – im Januar 1940 mit garstig kurzen Strichen Wandas Portrait, das – gewiß nicht zufällig – auch ihm auffällig gleicht: «Wanda schickt mir liebestolle (für sie) Briefe. Dieses komische kleine Geschöpf verschließt sich aus Angst, ein bißchen traurig zu sein, und vergißt mich, solange sie keine Aussicht hat, mich wiederzusehen, und wenn es dann möglich wird, erinnert sie sich plötzlich, daß sie an einem hängt. Ich empfinde im Moment Sympathie für sie, ich denke, ich werde sehr nett sein, wenn ich sie sehe, und ungezwungen. Sie ist ein gutes Mädchen, ein bißchen verlogen, ein bißchen nuttig, aber sie hat Klasse. Auf ihre Weise. Ihre Gefühle sind simpler als die ihrer Schwester, aber letztlich fühlt sie ihre Situation in der Welt, zwar sehr dunkel, aber auch sehr stark.» Auch deshalb wahrscheinlich hat die erotische Beziehung von Wanda und Sartre bis weit über das Kriegsende hinaus Bestand.

Das wäre also der stabile Kern der «kleinen» Familie um 1940. Castor und Sartre als Vater und Mutter und die drei entzückend mißratenen Kinderchen: Olga, Wanda, Bost. Inzest und Szenen gibt es in diesem Verbund in Hülle und Fülle. Drei Frauen in Paris warten auf ihre Soldatenmänner. Und die Soldaten im Wartezimmer des Krieges warten auf Urlaub. Dann kommt es zu schrecklichen Verteilungskämpfen. Zu allem Überfluß gibt es da noch zwei zauberhafte Mädchen, die Castor aufs äußerste lieben. Eine von ihnen begehrt auch Sartre heftig und wird von ihm begehrt: Bianca Bienenfeld.

Bianca wurde 1921 in Lublin, in Polen, geboren. Als sie eineinhalb Jahre alt war, emigrierten ihre jüdischen Eltern aus Furcht vor dem polnischen Antisemitismus. Ihre Pariser Existenz begann in Armut und familiärer Ungeborgenheit. «Die Photographien aus jener Zeit zeigen ein kleines, mageres Mädchen, schüchtern und verkrampft, dessen Gesicht zur Hälfte aus Schatten unter den Augen besteht. Jeden Abend erbrach ich mein Essen», so beschreibt Bianca Bienenfeld sich in ihren 1993 unter ihrem Ehenamen Bianca Lamblin veröffentlichten Erinnerungen. Später gelangte die Familie zu Wohlstand. Und Bianca wurde «ein lebhaftes Kind, intelligent, neugierig auf alles, leichtsinnig, mager und anämisch». Wir können den französischen Titel ihrer Erinnerungen ruhig beim Wort nehmen: *Mémoires d'une jeune fille dérangée*, was wörtlich ungefähr heißt: Erinnerungen eines verstörten Mädchens. Ein Titel, mit dem sie auf den ersten Band von Simone de Beauvoirs Erinnerungen anspielt, *Mémoires d'une jeune fille rangée (Memoiren einer Tochter aus gutem Hause)*, um ohne viel Federlesen ihre anhaltende Lebensmühe als Konsequenz ihrer Begegnung mit dem frivol gemeinen Paar Castor und Sartre verkaufen zu können.

Indes war es Bianca Bienenfeld, die im Herbst 1937 jener Lichtgestalt verfiel, die gerade als Philosophielehrerin an das Lycée Molière in Paris berufen worden war: Simone de Beauvoir. «Sie war klein, schmächtig, ein wenig ungelenk, nicht sehr gut gebaut», erinnert sich Bianca Bienenfeld. «Sie hatte einen schnellen Gang und manchmal brüske Gesten an sich. Alles an ihr strahlte Energie aus, aber nicht Gelassenheit.» Ihre Anspannung zeigte sich daran, daß sie sich manchmal die Hand blutig kratzte. «Am meisten beeindruckte mich die Schönheit ihres vollendet proportionierten Gesichts, das reine Profil mit den deutlichen Wangenknochen. Die Intelligenz ihres leuchtend blauen Blicks fiel uns sofort auf. (...) Ich war von der Lehrerin ebenso fasziniert wie von den Problemen der Philosophie, die sie uns darstellte: zusammen erschien es mir wie eine Offenbarung. (...) Neben ihrer augenscheinlichen Schönheit beeindruckte ihre hervorragende, schneidende, kühne Intelligenz. Die Stärke und Schnelle ihrer Auffassungsgabe war erstaunlich, ihr Lesehunger unersättlich. Auch im Leben verlor sie niemals Zeit und zeigte in allen Dingen ein drängendes Ungestüm.»

Als Klassenbeste gelang es Bianca, die Aufmerksamkeit ihrer Lehrerin zu erregen. Im März 1938 traute sie sich sogar, ihr einen Brief voller persönlicher Bewunderung zu schicken. Simone de Beauvoir antwortete und lud sie in ein Café ein. Das Treffen verlief herzlich und freundschaftlich: «Ich war zugleich eingeschüchtert, aufgeregt und stolz darauf, das Anrecht ergattert zu haben, sie privat zu sehen. Ich schwebte auf einer Wolke von Glück.» Und bald trifft man die beiden sonntags in Paris und Umgebung bei ausgiebigen Spaziergängen. Sie werden immer vertraulicher. Castor erzählt von Sartre, von der freien Liebe, von ihrer Beziehung zu Olga, von den Kämpfen gegen ihr bourgeoises Milieu. Bianca versinkt im Glück ihrer Verehrung: «Die Betörung, die ich verspürte, hatte ihren Ursprung vor allem in Simone de Beauvoirs physischer Präsenz, aber diese Präsenz entsprach ihrem entschiedenen, ausgeprägten Charakter. Sie schien der Bug eines schnell die Wogen durchpflügenden Schiffes zu sein, ein Bug aus hartem, glänzendem, unveränderbarem Stein. Ich bildete mir ein, sie habe überhaupt nichts Zerbrechliches (worin ich mich täuschte) und keinerlei Vielschichtigkeit (ich täuschte mich ein zweites Mal).»

Die Zuneigung wächst und wächst ins Sinnlich-Sexuelle. Im Frühsommer 1938 – Bianca hat gerade die Schule abgeschlossen – machen die beiden eine Wandertour durch Mittelfrankreich. Hier kommt es zu ersten Zärtlichkeiten. Im Herbst nimmt Bianca ihr Philosophiestudium auf. Sie lernt einige ehemalige Schüler Sartres kennen, darunter Bernard Lamblin, den sie drei Jahre später heiratet. Zuvor aber macht sie die Bekanntschaft des vielzitierten und sagenumwobenen Jean-Paul Sartre, der ihr ab Anfang 1939 nachdrücklich den Hof macht. Er versteht es, nicht nur als Lebensgefährte ihrer Geliebten Simone de Beauvoir großen Eindruck auf sie zu machen: «Ich fühlte mich von seinem Charme, seinem Witz, seiner Liebenswürdigkeit und seiner Intelligenz sehr angezogen. Ich achtete nicht mehr auf seine Häßlichkeit, es schmeichelte mir, daß ein Mann wie er sich um mich bemühte. (...) Sartre erschien mir als Meister der Sprache der Liebe, fesselnd und voller überraschender Bilder. Er begnügte sich nicht damit, über seine Liebe zu ‹sprechen›, sondern war zugleich ein Führer, ein Meister.» Ein Meisterverführer, der es im Sommer 1939 schließlich schafft, die hübsche, nervöse und mit Männern vollkommen unerfahrene achtzehnjährige Bianca in seinem Zimmer im Hôtel Mistral zu deflorieren.

Bei allem Mißtrauen, das wir den Erinnerungen des «derangierten Mädchens» entgegenbringen sollten, es könnte sich doch ungefähr so zugetragen haben: Kurz bevor sie sein Hotel erreichen, schockiert Sartre seine zitternde Beute noch einmal heftig: «Das Zimmermädchen des Hotels wird ziemlich erstaunt sein, wo ich doch erst gestern einem jungen Mädchen die Jungfräulichkeit genommen habe.» Mag sein. Wahrscheinlicher scheint jedoch, daß Sartre sein vom steten Fluß der Liebeswörter betäubtes Opfer aus dem Schlummer symbiotischer Umnachtung wecken wollte. Denn nichts wäre ihm schrecklicher, als wenn nach dem Vollzug seines

Sieges eine ganze – obendrein schrecklich junge – Seele seiner Verantwortung anheimfiele. Man könnte es auch philosophisch ausdrücken: Wenn seine Verführung in der Vereinnahmung einer eingeschlafenen Freiheit bestünde, das heißt einem Einfall ins schutzlose Mädchenland gliche, dann wäre sein Sieg kein Sieg, sondern bloß eine Schändung.

So ließe sich auch der folgende, reichlich sadistische – wie Sartre sein Liebeshandwerk an anderer Stelle selbst genannt hat – Auftritt erklären: «In seinem Zimmer angekommen, zog er sich fast vollständig aus und begann seine Füße im Waschbecken zu waschen, wozu er einen Fuß nach dem anderen anhob. Ich hatte ihn verschüchtert gebeten, die Vorhänge ein wenig zuzuziehen und das Licht zu dämpfen, was er trocken ablehnte – was wir tun würden, sagte er, sollte bei Tageslicht getan werden. Um mich auszuziehen, flüchtete ich mich hinter den Vorhang einer Garderobe; es war ein bewegendes, einschüchterndes Erlebnis für mich, zum erstenmal nackt einem Mann gegenüberzustehen.» Nur die Perlenkette hatte sie anbehalten, aber auch dieser letzte Schutzschild mußte fallen. «Ich war verunsichert und verstand nicht, warum er seine gewohnte Liebenswürdigkeit aufgegeben hatte; es war, als wollte er etwas in mir mißhandeln (aber auch in sich), als leite ihn ein destruktiver Zwang und nicht das natürliche Verlangen, glückliche körperliche Beziehungen aufzunehmen. (...) Freilich war ich völlig verkrampft und erstarrt. Keine emotionale Wärme entspannte die Situation, keine wirklich spontane Geste. Ich hatte den Eindruck, daß dieser Mann einem vorgefertigten, erlernten Programm folgte.» So kam es an diesem Tag zu keinem freudigen Ereignis. Aber immerhin erklärt Sartre Bianca noch «wie ein Naturkundelehrer» die Anatomie und Mechanik der Sexualität – mit mäßigem Erfolg: «An den folgenden Tagen gelangte er an sein Ziel, aber was mich anging, war die Frigidität fest etabliert und wich nicht mehr, solange wir miteinander verkehrten.»

Und so verkehren sie denn noch eine Weile. Man ahnt, daß die verkrampfte Beute Sartre nicht allzusehr herausfordert. Wahrscheinlich liegt es am Krieg, daß ihre Beziehung sich noch einige Zeit dahinzieht – in Briefen. Sartre erweist sich weiterhin als Meister des Wortes, der Verführungskorrespondenz. Nach seinem zehntägigen Urlaub im Februar 1940, kompliziert aufgeteilt zwischen Castor und Wanda, kündigt er Bianca schroff die Liebe. Die Entfernung habe seine Gefühle ausgetrocknet, teilt er ihr kurz und bündig mit. Die Kleine leidet Höllenqualen. Was Bianca, an der Sartre gewiß nur spielerisch und gönnerhaft gehangen hat, nicht ahnen kann: Sie wird Opfer seiner Selbstkritik, seiner Verachtung des geilen Männchens in ihm – wovon wir noch Genaueres hören werden.

Das Problem ist nur, daß Biancas Anhänglichkeit an die beiden mit psychischen Affekten schwer aufgeladen ist: Sie hat niemals die Volten der freien Liebe gesucht, sondern Vater und Mutter – wie ihr später der Psychoanalytiker Jacques Lacan auseinandersetzen wird. Zu ihrem Unglück stieß sie auf ein Paar, das sich zu diesem Zeitpunkt seiner Beziehung in einen wirren erotischen Karneval verstrickt hatte und den tieferen Sinn dieser Liebeshektik nur ahnungsweise erfaßt. Simone de Beauvoir hat es später mehrfach geschrieben, gesagt und beklagt: Manchmal haben andere die Unkosten der Unklarheiten in ihrem Verhältnis mit Sartre getragen.

Castor wollte eine untertänige Gespielin. Statt dessen muß sie sich gegen die Pflichten einer Mutterrolle wehren. Schon vor dem Bruch Sartres mit Bianca stöhnt sie. Während ihres Besuchs bei Sartre im Elsaß im November 1939 schreibt sie in ihr Tagebuch: «Wir reden auch über Bianca, über Wanda – wir wundern uns ein bißchen darüber, wie Bianca bei uns an Wertschätzung und Zuneigung eingebüßt hat; ich sage zu ihm, daß ich in ihr oft eine Karikatur meiner selbst sehe, und er versichert mir, davon könne nicht die

Rede sein.» Absatz im Tagebuch, dann weiter: «Nachmittags kam ich hierher, ich schreibe an Bianca, an Bost.»

Aus Angst vor den Deutschen zieht die jüdische Familie Bienenfeld zu Anfang des Krieges nach Quimper, in die Bretagne. Bianca schreibt sich an der Universität von Rennes ein, wo sie auch ein Studentenzimmer mietet. Nach Paris kann sie nur reisen, wenn Castor sie einlädt und ihr die Reise bezahlt. Das geschieht trotz heftigen Drängens Biancas immer seltener. Castors Gefühle werden – milde ausgedrückt – immer ambivalenter. Einerseits hängt sie gerührt-geschmeichelt an ihrer kindlichen Verehrerin, andererseits wehrt sie ihre Zudringlichkeiten ab. Bianca fordert ihren festen Platz zwischen Sartre und Castor und möchte Olgas Rolle im legendär gewordenen Trio übernehmen. Und so kommt sie Castor wie «eine alte Mätresse» vor, «mit ihren Ansprüchen, ihren Rechten und ihrer unerbittlichen Präsenz». Als mäßig begabte Katzenmutter versucht sie, ihr Kleines in die Selbständigkeit zu beißen: «Bianca hat ihr blaues Kostüm an, ihre Pelzmütze, ihren Muff, sie sieht sehr hübsch aus. (...) Ich erkläre ihr, sie müsse sich selbst im Mittelpunkt ihres Lebens denken und nicht uns, sie müsse aus sich eine Person machen, die in Beziehung zu sich selbst tritt; sie ist einverstanden, aber es kommt ihr hart vor.» Doch Castor ist ihrer Überlegenheitsrolle ziemlich überdrüssig. «Und ich fühle mich ein bißchen gemein, weil ich mit ihr aus Schlechtigkeit, Ärger und Strenge so geredet habe und weil sie mir deshalb nicht böse ist, sondern vielmehr meine Worte als Ausgangspunkt für moralische Besserung nimmt.»

Während Castors Gefühle für Bianca allmählich abkühlen, wird sie erotisch erstaunlicherweise aufgeheizt: «Im Bett wirft sich Bianca voll Leidenschaft in meine Arme, ihr Sinnenrausch kommt mir schrecklich organisch vor. Diese körperliche Beziehung macht mir mehr Spaß als sonst, aber auf Grund einer Art Perversität; ich fühle etwas Unverschämtes: wenigstens ihren Körper zu benutzen, und mit einem gewissen Vergnügen spüre ich, daß meine Sinnlichkeit jeder Zärtlichkeit entbehrt, das ist mir noch nie oder fast nie passiert.» Kurz, Castor lernt einen gewissen, sonst in ihrem erotischen Haushalt nicht vorgesehenen Sex kennen: «Wir essen im *Sélect* zu Abend, und ich zeichne ihr ein lebendiges Bild von den Schwierigkeiten, die ich mit Sartre während unserer zehn Jahre hatte; ich betone, daß das nicht einen Vorsprung paradiesischen Glücks bedeutet, sondern eine Situation in der Gegenwart – sie scheint ziemlich überzeugt. Wir gehen nach Hause. Pathetische Nacht – leidenschaftlich, ekelerregend wie Gänseleberpastete, und nicht von der besten Sorte.» Ihre etwas wirre Metaphorik verrät Castors Unerfahrenheit. Die Wogen der Lust schlagen höher, wenn die Befriedung der Liebe nicht glättet. Und die Lust wird vollends zum freien, aber auch einsameren Spiel, wenn die Rollen wie gezinkte Karten verteilt sind. Sartre wird verstanden haben, wovon Castor hier ausnahmsweise spricht.

Ob sich solche Erfahrungen später wiederholen – darüber wissen wir nichts. Mit Bianca jedenfalls wird Castor die Lust der Lust ohne Liebe nicht mehr lange teilen. Im Oktober 1940 erklärt auch sie ihre erotische Beziehung für beendet und behauptet, daß sie an Sexualität mit Frauen keinen Spaß mehr habe. Das ist mit einiger Sicherheit gelogen. Denn da gibt es ja noch jene andere Schülerin, die ihr über alle Maßen zugetan ist: Nathalie Sorokine, von Castor und Sartre stets Natascha genannt. Ihr Stern geht in dem Maße auf, wie der von Bianca verblaßt.

1938/39 unterrichtet Simone de Beauvoir am Lycée Molière, im vornehmen 16. Pariser Arrondissement, wohin viele osteuropäische Exilanten der Oberschicht ihre Kinder schickten. Laufen ihr deshalb ständig osteuropäische Mädchen nach? Erst Bianca, dann Nathalie – vorher Olga, auch wenn das noch in die Rouener Zeit fiel. Sind diese Lehrerin und diese Schülerinnen einander wegen ihrer kulturellen Brüche zugetan? Jedenfalls eint Simone de Beauvoir und ihre

Elevinnen, die sie – wohlgemerkt erst nach Abschluß der Schule – zu ihren Liebhaberinnen kürt, daß sie allesamt mit den Riten und Gläubigkeiten der französischen Bourgeoisie nichts im Sinn haben.

Das gilt in außergewöhnlicher Weise auch für Nathalie Sorokine. Wie Bianca 1921 geboren, hat sie früh mit den reaktionären Gepflogenheiten ihres weißrussischen Elternhauses gebrochen und ist – mit Castors Unterstützung – so viel und so früh wie möglich ihre eigenen Wege gegangen.

Schon im Juli 1939 versucht das angriffslustige Persönchen, ihre frühere Lehrerin zu verführen. Ab Oktober '39 taucht ihr Name immer häufiger in Castors Briefen und Tagebüchern auf. So heißt es in einem Brief an Sartre vom 9. Oktober: «Unterwegs hat sie sich bei mir nett eingehakt, und dann hat sie mich angesehen und sich dabei verlegen gewunden – ich wußte nicht, was ich zu ihr sagen sollte. Ich komme mir wie ein Verführer vor, der vor einer Jungfrau, geheimnisvoll wie alle Jungfrauen, gehemmt ist; der Verführer hat allerdings eine klare Weisung: nämlich zu verführen und das Geheimnis, wenn ich so sagen darf, zu durchstoßen – während ich zugleich die Beute bin, es ist eine äußerst unbequeme Situation, wie sie ausschließlich den Lesben vorbehalten ist.» Zwei Tage später reitet Nathalie verschärfte Attacken. Sie überrascht Castor in ihrem Hotelzimmer, schleppt sie aufs Bett, schluchzt, jubelt, küßt und führt des Castors Hand an die «richtigen Stellen» ihres Körpers. Liebesbeteuerungen auf russisch, dann auf französisch: «Es ist nichts zu machen, ich bin nun in eine Geschichte verwickelt, und da sie äußerst anspruchsvoll und autoritär scheint, verdrießt mich das. Sie liebt mich mindestens so sehr, wie Bianca mich jemals geliebt hat. Was mich angeht, war ich natürlich wie ein Stück Holz, am Ende des Krieges werde ich ein asexuelles Wesen sein.» Da irrt sie sich ganz gewaltig und unterschätzt Sorokines «anspruchsvolle und autoritäre» Art.

Nur zwei Tage später gesteht sie, daß sie, wenn Bianca nicht wäre, der kleinen Russin schon mehr Platz eingeräumt hätte. Nathalie nimmt sich den und legt ihre entzückt entrüstete Privatlehrerin flach, die ihr eigentlich beim Studium helfen wollte. Castor gibt sich noch eine Weile als geduldige Gouvernante, zieht aber in Betracht, bald zu unterliegen: «Da ist nichts zu machen, sie will mit mir schlafen. Wir haben gesagt, wir würden ab jetzt Arbeit und Umarmungen trennen, und alles aufs beste machen. Da wurde sie absolut reizend, eng an mich geschmiegt, stellte sie naive Fragen (...) und sie hat zu mir gesagt: ‹Sie sind der erste Mensch, den ich liebe›, noch niemals hatte sie dem Wort lieben diese Bedeutung gegeben. Sie ist gegangen, strahlend, und ich bin geblieben, ziemlich in der Klemme und in Verlegenheit.»

Nicht mehr lange, denn bald offenbart sie Sartre, der die wilde Russin noch nicht kennengelernt hat, ihr ganzes Entzücken über Nathalie: «Sie sagt jetzt ‹ich liebe Sie› zu mir, und hält mir auf ganz natürliche Weise ihren Mund hin, als ob es sich um eine legale Idylle handelte; sie ist ungeschickt, aber nie ohne Anmut, wie Bianca es sein kann, ihr Mienenspiel und ihre geschriebene und gesprochene Sprache sind sogar von rührender Anmut – sie hat wirklich eine rührende kleine Seele, ich kenne keine, die einen volleren Klang hätte; keine Spur von Schein oder von Sozialem; wirklich, ich habe lange gebraucht, es ist kein blinder Enthusiasmus, aber ich bemerke an ihr keine Fehler – nur Grenzen. Wenn ich frei wäre, würde ich mich voll Elan dieser Geschichte hingeben, gestern war ich ergriffen.» Immer häufiger drängt sich Castor ein Vergleich mit der nervigen Bianca auf, und immer klarer fällt er zugunsten Nathalies aus. Tatsächlich werden die beiden in den nächsten Jahren ein schwer zertrennliches Paar bilden. Während der Besatzungszeit ernährt sich das draufgängerische Mädchen vom Fahrradklau und kann sich so ein eigenes Hotelzimmer, möglichst in Castors Nähe, leisten. Von anderen dunklen Geschäften und obskuren Bekannt-

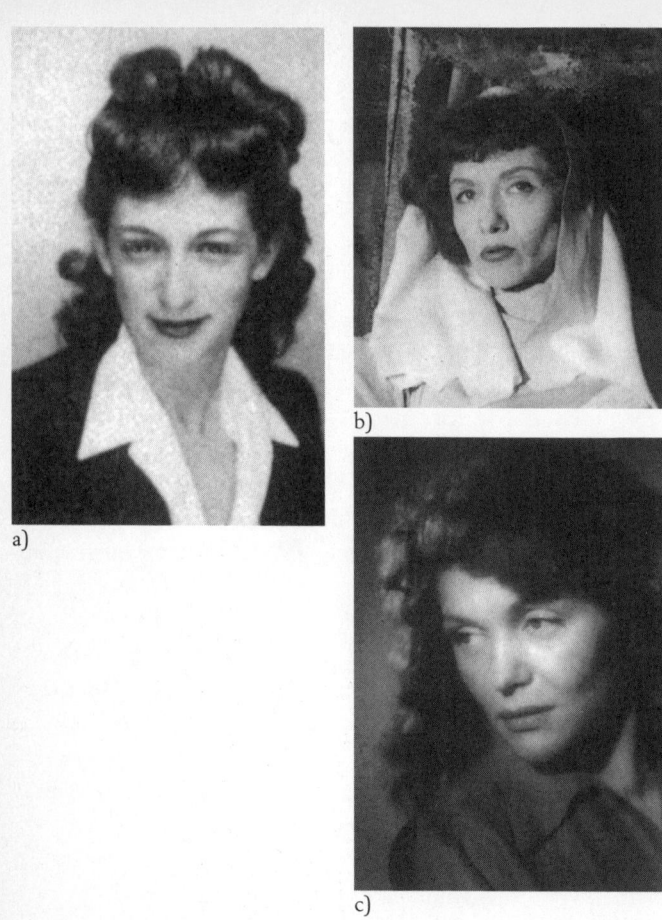

a) Bianca Bienenfeld, geb. 1921. Verliebt sich 1938 unsterblich erst in ihre Lehrerin Beauvoir, dann in Sartre. Aber eigentlich suchte die polnische Jüdin nur Eltern.

b) Olga Kosakiewicz, geb. 1917. Sie lernt Beauvoir 1934 kennen – und bald lieben. Später ebenso Sartre. Sie bleibt lebenslang eine Freundin der beiden.

c) Wanda Kosakiewicz, zwei Jahre jünger als Olga. Wird 1938 Sartres Geliebte und bleibt es mindestens ein Jahrzehnt.

d)

e)

d) Jacques-Laurent Bost, genannt der «kleine Bost», um 1940. Zunächst Sartres Schüler, heiratet später Olga, bleibt aber Beauvoirs Geliebter bis Anfang der fünfziger Jahre. *(Zweite Person von links)*

e) Nathalie Sorokine, genannt Natascha, geb. 1921. Stürmische Geliebte und während des Krieges engste Vertraute von Beauvoir.

41

schaften möchte die besorgte Simone lieber nichts wissen. Allerdings nimmt sie gerne das Fahrrad an, das Nathalie ihr schenkt und das im unterversorgten, besetzten Paris ihr ganzer Stolz ist.

Das Verhältnis mit Nathalie führt allerdings 1943 zu einem Skandal. Ihre Mutter, Mme Sorokine, taucht nämlich eines Tages bei Simone de Beauvoir auf. Sie weiß um den großen Einfluß, den die Lehrerin auf ihre Tochter hat. Den möge sie jetzt dahin geltend machen, daß Nathalie die Beziehung zu einem jungen Juden abbreche. Andernfalls sähe sie sich gezwungen, der Direktorin von Castors Gymnasium mitzuteilen, daß Mlle de Beauvoir sich mit Schülerinnen in der Freizeit und unter ungewöhnlichen Bedingungen treffe. Es kommt zu dieser Denunziation. Und Simone de Beauvoir wird 1943 sang- und klanglos vom Unterricht suspendiert. In ihren Erinnerungen widmet sie dem Vorfall keine halbe Seite, obwohl dadurch immerhin ein zwölfjähriges Arbeitsverhältnis beendet wird und Castor sich vor die Frage gestellt sieht, wie sie jetzt ihren Lebensunterhalt verdienen soll.

Außerdem kann sich die Sache kaum so zugetragen haben. Denn Nathalie ist zu diesem Zeitpunkt bereits 22 Jahre alt und schon seit vier Jahren nicht mehr Simone de Beauvoirs Schülerin. Es könnte sein, daß Mme Sorokine der Direktorin zu verstehen gegeben hat, daß die Lehrerin de Beauvoir erotische Verhältnisse zu Frauen unterhielte. Das reichte zu diesen Zeiten. Und Castor hat später nie diese Seite ihrer Sexualität öffentlich eingestanden. Man ahnt, warum. Schließlich war der Feminismus im Verstand zünftiger Männer immer schon eine Verschwörung des internationalen Lesbentums. Nicht auszudenken, was Köpfen wie dem französischen Literaturnobelpreisträger François Mauriac noch alles eingefallen wäre. Frohlockte der nicht nach der Lektüre von *Das andere Geschlecht*, sich jetzt bestens in Simone de Beauvoirs Vagina auszukennen?

Auch Sartre begrüßt den jüngsten Familienzuwachs im Herbst 1939. Zwar hat er ihn noch nicht zu Gesicht bekommen, aber er zeigt sich beeindruckt vom Temperament des charmanten Teufelchens. Und insgeheim wird er sich natürlich Chancen ausgerechnet haben, sie selbst ein bißchen zähmen zu dürfen. Grausamer Irrtum. Nathalie testet Sartre nach seiner Heimkehr aus der Kriegsgefangenschaft erotisch kurz an – um ihn sogleich ad acta zu legen. Und als Sartre, der kaum verwinden kann, so schnell aus dem Rennen geworfen zu sein, verführerisch nachhakt, bekommt er vor versammelter Mannschaft die volle Wucht ihres Eigensinns zu spüren: «Ach, lassen Sie mich doch in Ruhe, Sie lächerlicher Wicht – sie gehen mir auf die Nerven.» Die beiden kommen dann aber doch – rein freundschaftlich – gut miteinander aus. Aber wahrscheinlich ist Nathalie die erste Geliebte Simone de Beauvoirs, die diese nicht mit Sartre teilt. Sorokine ihrerseits unterhält bald einige Männergeschichten «nebenher».

Überhaupt könnte man sagen: Castor arrangiert sich immer besser mit dem wirren Lauf der Geschichte und ihren nicht minder wirren privaten Affairen. In den ersten Monaten der Trennung erscheint ihr alles nur als trüber Ersatz: «Was für eine fade Nahrung, alle diese Leute, die nicht Sie sind»: Sartre. Oder sie zeigt sich von den allzu «organischen» Sinnlichkeiten Biancas und Nathalies genervt. Ihr fehle etwas «Trockenes und Solides»: Sartre. Anfang November schreibt sie in ihr Tagebuch mit Blick auf die vergangenen beiden Monate: «Ich mußte die Zeit minuten- oder stundenweise füllen, aber absolut ohne Zukunft.» Nach der Panik und Kopflosigkeit der ersten beiden Kriegsmonate wächst ihr langsam eine gewisse Gelassenheit zu. Sie entdeckt sich im Mittelpunkt eines großen, wenn auch nicht immer runden Kreises. Bei ihr laufen die Fäden zusammen. Man muß das nur managen können. «Ich führe ein seltsames Freizeitleben, leer, ohne viel Sinn, aber – das ist skandalös – voller Charme.» Zunächst wären da die beiden Soldaten, Sartre und Bost, die gelegentlich auf Urlaub kommen – auch wenn dann geteilt werden muß. Dann die beiden Damen Kosakiewicz, die halten sich meist im selben Hotel wie Castor auf. Die Beziehung zu Wanda bleibt leicht angespannt, die mit Olga hingegen gestaltet sich meist heiter und innig. Bianca Bienenfeld läßt sich mit einigen Erziehungsansprachen in Schach und in der Bretagne halten. Nathalie ist zwar nicht verwaltbar, dafür aber bezaubernd. Im Januar 1940 ist Castor von ihrem neuen Leben so beschwipst, daß sie in Erwägung zieht, Sorokine mit einer neuen kleinen Eroberung, die ihr zugelaufen ist, zu betrügen. Doch nimmt sie von dieser Idee bald Abstand, was Sartre wiederum enttäuscht. Er ermutigt Castor, die Neue an Land zu ziehen: «Aber mir liegt daran, daß Sie ihr ein oder zwei Arbeiten korrigieren, mein guter Kleiner. Man muß den zukünftigen Demobilisierten Zerstreuungen reservieren.» Mit dieser virtuellen erotischen Eskapade ist endlich auch der Höhepunkt des verwirrenden Treibens erreicht.

Man faßt es kaum: Während die Geschichte ihr Höllenmaul aufreißt, verstrickt sich das zukünftige legendäre Intellektuellenpaar Jean-Paul Sartre und Simone de Beauvoir in einen beispiellosen erotischen Kindergarten. Gewiß, es geht auch darum, das Eis der Geschichte nicht bis in die Herzen dringen zu lassen und zunächst wenigstens den Krieg als Episode zu behandeln – was übrigens die meisten glaubten. Noch konnte Hoffnung diktieren. Doch was da seit 1938 in steten Wendungen der Spirale eskaliert, steckt mitten im Skandal nicht nur voller Charme – wie Castor zu Recht meint –, es steckt auch ihren Befürchtungen zum Trotz voller Sinn: Denn Castor und Sartre verkehren seit einiger Zeit hauptsächlich über *Das Blut der anderen* (so der Titel eines Romans von Simone de Beauvoir aus dem Jahre 1945). Ihre eigene sexuelle Beziehung stirbt langsam ab.

Wie löst man das altbekannte Rätsel, daß sich der Liebe Dauer nicht am Leibe lebend hält? Die bürgerliche Gesellschaft, die die Liebe in der Ehe zur Dauer zwingt, hat einen Trick dafür: Nach einer Weile werden aus den Geliebten Eltern. Das Zentrum definiert sich von da an über die von ihm geschaffene Peripherie der Kinder, verausgabt sich in ihnen, um sich als jenes Zentrum herzustellen. Lästige Bälger zuweilen, die man dennoch liebt und die einen lieben, weil brauchen. Sartre und Castor haben nie Kinder gewollt, aber dennoch eine Familie gegründet (und übrigens – List der Geschichten – indirekt zwei Ehen gestiftet: Olga & Bost und Bianca & Bernard Lamblin). Nicht zufällig ist die Schar der Liebhaber(innen) viel jünger als die beiden Stifterfiguren im Zentrum des Bildes, die theoretisch die biologischen Eltern sein könnten; nicht zufällig sind sie psychologisch und finanziell im Banne ihrer «Adoptiv»eltern; nicht zufällig tauschen sich Castor und Sartre über Wonne und Weh mit ihren Blagen im Detail und in elterlichem Tonfall aus. Hätte Sartre damals eine oder zwei Frauen außerhalb des erotischen Privatparks, hätte Simone einen Liebhaber oder eine Liebhaberin außer Reichweite der «petite famille» gehabt, die beiden hätten sich aus den Augen verloren. So aber blieben sie eng – und vielleicht enger denn je – aneinander gebunden. Sie meistern die bedrohliche Klippe so vieler Liebesbeziehungen. Sie ersetzen die dünne Säule der Lust durch eine neue Reichweite der kommunikativen Symbiose. Sie bleiben ein Paar, das vieles kann, aber einiges nicht mehr muß. Ein Paar, das den Sprengstoff der Entfernungen und Trennungen nicht nur überlebt, sondern in einen neuen Pakt tiefer Teilhabe verwandeln kann. Tastend, aber konsequent haben sie sich gemeinsam aus dem Radius der traditionellen Paardefinition herausbewegt und andere Intimitäten begründet. So läßt sich im übrigen die ohne diesen Hintergrund mysteriöse Bemerkung Simone de Beauvoirs gegenüber ihrer Biographin Deidre Bair erklären, daß ihre und Sartres Vertrautheit neue Dimensionen erreicht habe – «wahrscheinlich wegen dieser beiden Mädchen»: Bianca und Nathalie.

Zu Zeiten des Trios mit Olga haben sich Sartre und Castor im dunklen Spiel mit einer Dritten polarisiert. Dennoch haben sie aus den Augenwinkeln vielleicht schon verstanden, daß man sich über Dritte mittelbar erotisch und sehr intim berühren kann – vorausgesetzt, die Dritten sind im weitesten Sinne «gemeinsame» Dritte, am besten Abkömmlinge des Paares im Zentrum. Das gilt im Fall von Sartre und Castor besonders – wenn auch ganz unterschiedlich – für Bost und Bianca. Das gilt etwas weniger für Wanda (die einen gewissen Abstand zu Castor hält – wie umgekehrt auch) und gilt am wenigsten für Nathalie, die folgerichtig am Schluß erscheint, während Sartres Abwesenheit, und mit der sich der Kreis schließt. Auf diesem komplexen Terrain ist es äußerst wichtig, daß jedes erotische Verhältnis, das ein Teil des Zentrums zu einem Mitglied der Peripherie unterhält, durch rückhaltlose Offenheit die Wärme des Zentrums nicht nur erhält, sondern steigert. Das geschieht in den endlosen Gesprächen zwischen Castor und Sartre und während des Krieges in den Briefen. Bei der Lektüre der Tagebücher von Simone de Beauvoir kann man sich gelegentlich des Eindrucks nicht erwehren, daß sie die nachmittäglichen Lustbarkeiten mit ihren Mädchen manchmal nur mürrisch hinter sich bringt, um sie gleich darauf in kostbare Kommunikation mit Sartre verwandeln zu können. Nicht um ihn sexuell zu erregen, sondern als Material der Teilhabe. Es geht bis hart an den Rand der Paradoxie: jede *Mitteilung* von Entfernung verwandelt Trennung in Intimität.

Gegenüber der Biographin Deidre Bair datierte Simone de Beauvoir ihre letzten, da bereits spärlichen, sexuellen Beziehungen mit Sartre auf das Ende des Jahres 1939. Wie sieht das bei ihrem einzigen Besuch in Brumath aus, wo Sartre stationiert ist? Für diese paar Tage verfügen wir nur über eine einzige Quelle: Castors Tagebuch. Am Dienstag, den 31. Oktober 1939 klettert sie spät abends nach einer langen, beschwerlichen Reise aus dem Zug. Sartre ist über den genauen

Anreisetermin seiner unerlaubten Besucherin nicht informiert. So muß Castor sich alleine ein Hotelzimmer suchen. Sie schläft schnell ein, den Wecker auf sieben Uhr am nächsten Morgen gestellt. Nach dem Aufstehen trifft sie Sartre zufällig auf der Straße des kleinen Dorfes: «Ich nahm ihn auf mein Zimmer mit, denn die Cafés sind für uns verboten; wir setzen uns auf die Bettkante und reden eine Stunde lang, sein Anblick hat mich nicht so heftig bewegt, es kommt mir normal vor, als hätten wir uns erst vor wenigen Tagen getrennt (...), wahrscheinlich wegen der Briefe.» Sartre bleibt eine Stunde, sie treffen sich zum Mittagessen. «Um ein Uhr wird Sartre aus dem Cerf rausgeworfen, und wir gehen auf mein eiskaltes Zimmer; er geht zum Appell und ich lege mich ins Bett, ich bin todmüde.» Abends sehen sie sich wieder, aber die Unverheirateten dürfen nicht zusammen im Hotel schlafen – «...und wieder schlüpfe ich in die eisigen Laken. Aber mir wird schnell warm, und ich schlafe fest ein.» Am nächsten Tag findet Sartre eine neue Unterkunft für die beiden im Bœuf Noir. «Wir gehen zu uns. Ich dachte, wir würden die Nacht mit Reden zubringen, aber wegen der Kälte müssen wir uns hinlegen, und ist man erst einmal im Bett, kommt der Schlaf schnell. Wir schlottern im Bett, und es bedarf ungeheurer Anstrengung, bis die Federbetten richtig liegen und bis wir nur noch uns aufgewärmt haben. Tag tiefen Glücks.»

Am 3. November muß Sartre früh weg. Nachmittags schreibt sie an Bianca und an Bost. «Wegen der Gelassenheit, der Heiterkeit, die Sartre mir gibt», denkt sie daran, auch den kleinen Bost zu besuchen, und sie fühlt diesen Wunsch von jeder Eifersucht befreit, «weil er nun eher der Freundschaft als der Liebe entspringt; ich denke mehr an Gespräche, die keine Enttäuschung nach sich ziehen, als an Begierde, als an Leidenschaft, die nutzlos ist.» Später reden sie über den kleinen Bost, und «Sartre erklärt mir von neuem, daß ich in gewissem Sinne meine Beziehung zu ihm so will, wie sie ist, daß Kos. [Abkürzung für Olga *Kos*akiewicz] für ihr Gleichgewicht notwendig ist; daß Bost mir nicht gehört, weil ich ihm nicht gehöre – ich habe wieder einen Überblick über die Situation und bin zufrieden.»

Oder doch nicht ganz? Denn später sprechen sie immer noch über Bost bzw. über Castors Eifersüchteleien und ihre kleinen Schmerzen seinetwegen. «Mich stören sie, und ich bin darin nicht ganz aufrichtig.» Sie entdeckt das Erscheinen eines «psychischen Innenlebens» in sich: «Es war berauschend in diesem Jahr, wie wegen Bost Überraschung und Eifersucht auftraten, und ich legte Wert darauf, weil ich auf diese Geschichte Wert legte.» Sie läßt sich heiter von den Winden des Zufälligen und Unbestimmbaren anwehen, die sie nicht mehr umwerfen können: «Ich fühle, daß ich etwas ganz Bestimmtes werde: ich spüre mein Alter, ich werde zweiunddreißig, ich fühle mich wie eine fertige Frau, ich möchte nur wissen, welche.» Und bald gehen die beiden zu Bett und schlafen gegen 22.30 Uhr ein: «Es ist weniger kalt. Wieder ein vollkommen glücklicher Tag.» Am nächsten Morgen stehen sie um halb sieben auf, frühstücken gemeinsam, und eine Stunde später schläft Castor noch mal «verschämt» bis zehn Uhr. «Dieser Besuch hat einen Unterton von glücklicher Benommenheit, von Essen und Schlafen.» Sartre kommt spätnachmittags – diesmal kein Wort über Schlaf und Nacht.

Sonntag, der 5. November 1939, ist der letzte Tag ihres Besuches. Sie frühstücken und essen gemeinsam zu Mittag. Am frühen Abend bringt Sartre seinen Castor zum Bahnhofsvorplatz: «In einer kleinen dunklen Straße küsse ich ihn zum letzten Mal.» Das ist die einzige körperliche Berührung, die Castor an jenen Tagen in ihrem Tagebuch – in dem es sonst nicht an physischen Einzelheiten fehlt – festhält. Sartre verschwindet «sehr schnell in der Nacht». Simone de Beauvoir nimmt den Lokalzug. Um neun Uhr steigt sie in Saverne aus, um den Nachtexpreß nach Paris zu nehmen, der erst gegen Mitternacht fährt. Der Bahnhof wimmelt von warten-

den Menschen, die Halle «riecht nach Krieg», überall Flücht-
lingsgepäck der evakuierten Elsässer, «Gestank von schlech-
ten Zigarren». Auf dem überfüllten Bahnsteig sehen wir
Castor allein mitten im Gewühle stehen, gleichgültig gegenüber dem Gelärme um sie herum «und wie eine Säulen-
heilige in meine Gedanken vertieft, daß ich nicht merke, wie
die letzte Stunde vergeht; ich bin vom Wunsch besessen, zu
arbeiten, zu denken – ich sehe meine Beziehungen zu Sartre,
zu Bost, die Existenz von Wanda, von Bianca, von Kos., alles
schön im Lot, und ich bin von tiefer Zufriedenheit erfüllt».
Am Bahnsteig steht eine werdende Mutter in ihr Glück versunken, bereit, mit dem Vater Sartre nur noch Gespräche zu
führen, «die keine Enttäuschung nach sich ziehen», bereit
zum Verzicht auf «Leidenschaft, die nutzlos ist» – und doch:
überglücklich und verliebt.

Bleibt die Frage: Wie lange müssen sich die beiden noch
in der Peripherie verausgaben, um sich als Zentrum zu begründen? Wann können sie aus der Familiennummer aussteig-
gen? Oder anders gefragt: Wann endlich haben sie den
neuen Stand der Dinge auf den Punkt gebracht?

Nach ihrer Rückkehr genießt Castor in Paris das neue Leben
in vollen Zügen. Alles geht seinen gewohnten Gang. Doch
im Februar 1940, während und nach Sartres erstem Besuch
seit seiner Mobilisierung, kommt es zu überraschend drama-
tischen Zuspitzungen und Krisengefühlen. Es wird Zeit,
Konsequenzen zu ziehen, das Spiel zu beenden und seinen
Sinn zu realisieren: die neue Paarrealität. Von den Ereignis-
sen während Sartres Aufenthalt in Paris zeugen wiederum
nur Castors Tagebucheintragungen.

Am Sonntag nachmittag, es ist der 4. Februar 1940, holt
Castor Sartre – «sicher der schmutzigste Soldat Frankreichs
mit seinem ausgefransten Mantel, seinen riesigen Schuhen,
Größe 44, seinem schmierigen Anzug» – an der Gare de
l'Est ab. Sofort finden die beiden zueinander. Umziehen im

Hotel, essen. Dann beginnt für Simone de Beauvoir eine Achterbahnfahrt, die vom Gipfel prallen Glücks in die Tiefe der Verstörung fällt und dann wieder in die Höhe führt. Die beiden reden pausenlos, geben sich gegenseitig ihre Tagebücher zu lesen und vertiefen sich in die Roman-manuskripte des anderen. Wir können es vorwegnehmen: Vom 4. bis zum 15. Februar findet sich kein Wort über körperliche Intimität mit Sartre in Simone de Beauvoirs Ta-gebuch. Am 16. Februar kommt Bost für einige Tage auf Urlaub. Ihre Sehnsucht nach seinen Küssen und die zärt-lichen und leidenschaftlichen Nächte werden genau aufge-zeichnet.

Aber Castor ist dennoch zunächst mehr als zufrieden mit Sartres Anwesenheit: «Gefühle von Erfülltheit, Wohlbeha-gen im Kopf und im Herzen, das überragt alles, ich spüre es sogar nachts, und ich habe den Eindruck, ich wache zehnmal ausgeruhter auf als früher. Kein Fieber, kein Erstaunen, son-dern ein überschäumender Reichtum, alles könnte so weiter-gehen, Gedanken, Zärtlichkeit, Spaziergang, man würde im-mer nur auf Fülle stoßen.» Castor trifft zwischendurch Bianca und Nathalie («Sie will zu den Umarmungen überge-hen – so geschieht es»). Vor Bianca wird Sartres Besuch aller-dings geheimgehalten. Er spielt ohnehin mit dem Gedanken, diese Geschichte zu beenden.

Aber da wäre noch Wanda. Am Freitag, den 9. Februar bricht ihre Zeit an: «Er geht fort zu Wanda, es macht mir nichts aus, ich habe nicht den Eindruck, daß mir diese drei Tage weggenommen werden, sie sind Teil von einem Urlaub, den ich als ein Ganzes mit ihm verlebe.» Am Samstag glück-liches Erwachen, nachmittags soll Sartre kommen, in der Zwischenzeit tröstet sich Castor mit Nathalie: «Ich bin ganz Zärtlichkeit.» Als Sartre dann erscheint, tauchen auch die er-sten dunklen Wolken auf. Er erzählt von seinen Stunden mit Wanda. «Ich habe keine Spur Eifersucht», aber irgendwie steckt der Wurm in diesem aufgeteilten Leben. Das scheint auch Sartre zu empfinden: «In seiner Sprechweise und in ihm ist ein bißchen nervöse Spannung. (...) Ich gehe ganz geknickt zu Bett.» Am Sonntag wacht sie mit Herzbeklemmungen auf: «Keine Spur Eifersucht (...) ein einziger Schmerz, ihn nicht zu sehen. Und nicht nur die heutige Leere lebe ich, sondern auch schon seine Abfahrt. (...) ich verstehe kaum, wie ich mich so gut mit seiner Abwesenheit abfinden konnte, ich fühle mich verlassen in einer gleichgültigen feindlichen Welt (...) als ob ich in eine mineralische Einsamkeit geworfen wäre. Angewidert denke ich an den Ersatz: Kos., Bianca, ich würde mich lieber (in diesem Moment) absolut isoliert fühlen, es ist für mich eine Last, sie heute sehen zu müssen. Es kommt mir etwas seltsam vor, eine volle Liebe wiederzufinden: was ich bei Bianca, Sorokine wecke, ist für mich eine alberne Illusion.» Die erotischen Krücken tragen nicht mehr.

Merkwürdig: ein paar Zeilen weiter ergeht Castor sich in einer frischen erotischen Phantasie. Nachmittags trifft sie im Dôme die Journalistin Claudine Chonez, eine Bekannte, die ihren neuen Geliebten vorführen will: «Er ist erst 21 Jahre alt (...). Er gefällt mir – zum erstenmal seit einer Ewigkeit spricht mich ein Typ physisch an – er ist ziemlich schön, hat ein charmantes Lächeln, und wenn man sein Gesicht sieht, kriegt man Lust, zärtlich zu ihm zu sein, wie bei dem von Bost. (...) Ich finde es komisch, daß ich ihm gegenüber ‹Gefühlsphantasmen› habe (...), und ich mir vorstelle, daß eine Geschichte mit ihm mich (vielleicht) reizen könnte, daß es ganz allgemein auf der Welt Männer gibt, mit denen ich eine neue Geschichte anfangen könnte.» Das komplexe System, in dem sie sich gerade noch glücklich tummelte, ist mit einem Male so überhitzt, daß Simone de Beauvoir immerhin die Entlastungsvision zuläßt (und ihr im Tagebuch viel Platz einräumt), es durch etwas Einfaches, übersichtlich Neues zu ersetzen.

Etwas gelassener kehrt sie in den Tumult zurück. Montag:

«Ich stehe auf, weder heiter noch traurig, mit Kopfweh, die düstere Angst ist weg; es bleibt nur eine etwas schmerzhafte Erinnerung, die mich für die Traurigkeit empfänglich macht, die Bianca und Sorokine um meinetwillen empfinden.» Kurz, Castor fühlt sich nicht mehr geliebt. Dienstag: Showdown. «Ich wollte gut schlafen, aber ich habe kein Auge zugetan, so nervös war ich bei dem Gedanken, Sartre wiederzusehen.» Sie denkt auch über «Bianca, Kos., usw.» nach und wird noch nervöser. Sie treffen sich im Dôme, aber erst in der Closerie des Lilas gesteht er ihr, «wie er sich moralisch unwohl mit Wanda gefühlt hat, gerade weil sie so nett zu ihm war, und ob es nicht besser wäre, sein ganzes Leben lang einer einzigen Person treu zu sein. Es ist mir ein bißchen unangenehm, an den Vorrang zu denken, den Wanda über mich gewinnt. (...) Wir sind beide ein klein bißchen deprimiert, weil wir so ein verzwicktes, so vertracktes Leben haben.» Wahrscheinlich schreibt sie deshalb so mechanisch, so tonlos, weil sie die Eintragung in ihr Tagebuch erst einige Tage später vornimmt.

Aber was ist hier verdammt noch mal eigentlich los? Welchen «Wurm in diesem aufgeteilten Leben» verschweigen uns die Tagebücher so beharrlich? Eben noch badet Simone de Beauvoir sich in überströmender Fülle, wenige Tage später schmort sie in der Hölle grausamster Verlustängste. «Keine Spur von Eifersucht» attestiert sie sich in schöner Regelmäßigkeit. Wir können ihr glauben. Hier geht es um mehr: Es scheint ihr mit einem Mal möglich, daß Sartre ganz verschwindet. Wie? Sartre, der stets und noch den ganzen Januar hindurch seine lau-launische Gefühlslage mit Wanda betont und ohne jeden Abstrich dem «reizenden Castor» als Königin seines Herzens gehuldigt hat, will die Seite wechseln? Was ist passiert? Woran leidet Sartre auf einmal «moralisch»? Von außen betrachtet hat sich an der eingespielten Konstellation doch rein gar nichts verändert? Wie kommt es, daß er plötzlich von Monogamie-Sehnsüchten heimgesucht wird? Es scheint, als sei er nicht mehr Herr des Verfahrens, sondern vom komplexen Spiel der Konstellationen überfordert. Etwas muß neu definiert werden. Indes, darüber wissen wir nichts Genaues. Castors Tagebuch schweigt mal wieder an den entscheidenden Stellen. Es zeigt nur an: Bald geht es wieder aufwärts. Nachmittags ein Schäferstündchen mit Nathalie, und abends wieder vereint mit Sartre im zärtlichen Elterngespräch über die Kinder, «über Sorokine, Bianca, Wanda usw.». Den Abend verbringen sie in einer Bar. «Um Mitternacht werden wir rausgeworfen, und wir sprechen noch eine gute Weile vor dem Einschlafen.»

Am nächsten Vormittag angeregte Diskussionen über ihre Romane und Tagebücher. Zwischendurch verbringt Simone de Beauvoir wieder ein lustvolles Rendezvous mit Nathalie. Um 21 Uhr kommt Sartre zurück: «Wir gehen zur Coupole, und eine Stunde lang ist er unfreundlich, ganz leer und verstört, und ich denke traurig daran, daß es unser letzter Abend ist.» Aber dann wechseln sie das Lokal, und bald scheint das Schlimmste vorüber: «Wir fühlen uns rundum wohl. Wir sprechen noch mal über diesen Urlaub, über unser Leben, über uns beide, und das ist so stark und voll, nichts zählt neben solchen Momenten – traurig, daß wir um Mitternacht rausgeworfen werden. Wir gehen nach Hause, wir reden eine gute Weile im Zimmer im Hotel Mistral und legen uns noch nicht hin, aus Angst, plötzlich einzuschlafen. Und dann gehen wir zu Bett und schlafen ein, ohne Traurigkeit.»

Am nächsten Morgen reist Sartre ab. Wieder an der Gare de l'Est, überfüllte Bahnsteige, überall das gleiche Bild: weinende Frauen verabschieden sich von ihren Männern, die in den zermürbenden Wartekrieg zurückreisen. Der Zug fährt an, die Frauen steigen eine nach der andern noch einmal aufs Trittbrett für einen letzten raschen Kuß. «Ich steige auch hinauf, ich drücke Sartres Hand, und er verschwindet im Hintergrund. Ungeheure kollektive Spannung: die Abfahrt dieses Zuges – das ist wirklich ein physisches Losreißen, so habe ich eine Abfahrt noch nie erlebt.» Der Zug fährt los, ein Riß, Tränen, Castor geht als erste. Nachmittags wieder zärtliches Rendezvous mit Nathalie, die Tränen lacht, «als ich ihr sage, Sartre sei hinterhältig».

Ein «physisches Losreißen» – war das der Kreuzungspunkt dieses Urlaubs: das Abschließen eines langen komplexen Prozesses der Raumaufteilung der Liebe – hier die von Spannungen lebende und an ihrer Bewältigung sterbende erotische Liebe, dort der intime Gleichklang der Herzen, das Abenteuer der Gemeinsamkeit? Fortan jedenfalls werden die beiden nach diesem Muster leben. Und man spürt, wie eine große Last von ihnen fällt. Noch am Nachmittag von Sartres Abreisetag verfaßt Castor einen Brief, der alle Rekorde dieser mit Liebeserklärungen an Sartre nie geizenden Person schlägt: «Mein süßer Kleiner, ich bin überhaupt nicht traurig, sehen Sie – es hat sich wieder geschlossen, Ihr Urlaub, ich finde mein Leben im Krieg wieder, mit Ihrem Besuch als etwas, das genau seinen Platz in diesem Leben hat, das nicht anders sein konnte, als es gewesen ist – ich bin vollkommen heiter, ich muß mich nicht einmal in die Arbeit stürzen. Ich warte mit unendlicher Ruhe auf Bost. (…) Sie haben mir wie immer den Sinn meines Lebens, meines Glücks zurückgegeben.» Sie hat das Gefühl, den Überblick über die großen Zusammenhänge wiedergefunden zu haben. «Ich bin ganz durchdrungen vom Glück, das ich fühle, weil ich Sie habe – nichts anderes zählt. Ich habe *Sie*, ganz kostbarer Kleiner, vielgeliebter Kleiner – sowohl heute als auch vorgestern, als ich Sie traf, und ich werde Sie bis zu Ihrem Tod haben – danach ist nichts wirklich mehr wichtig von all dem, was mir zustoßen kann. Ich bin nicht nur nicht traurig, sondern höchst glücklich und beruhigt. (…) Ich fühle mich ganz umhüllt und gestützt durch Ihre Liebe. Mon amour, wir hatten einen schönen Urlaub, und wie stark dieser letzte Abend war. Auf Wiedersehen, mein süßer Kleiner, das ist das elfte Jahr voll Glück, das Sie mir gaben.» Und voller Hingabe versenkt sie sich alsbald in die sinnliche Vorfreude auf Bost, der am nächsten Tag anreist. Auch er verkörpert eine Art, «gemeinsam in der Welt zu sein», notiert sie in ihr Tagebuch.

Sartre schreibt noch im Zug seinen ersten Brief: «Mon amour, ich bin überhaupt nicht traurig, aber in einem komisch zärtlichen Zustand, und auch jetzt kann ich nicht an Ihr Gesicht denken, ohne daß mir die Tränen kommen. (...) Ich liebe Sie nach diesem Urlaub noch mehr als vorher, wenn das möglich ist. (...) Sie sind, was ich als Bestes von allen Arten kenne, alles, was ich liebe, haben Sie, und Sie haben es aufs Beste. Ich liebe Sie mit aller Kraft. Das sind keine ‹Zeichen›, was ich da schreibe.» In beiden Briefen klingt ein rätselhaftes «geschafft!» mit. «Keine ‹Zeichen›» – womöglich ist auch das in gewissem Sinne wahr, und die beiden Weltmeister der Zwiesprache haben das, was sie «geschafft!» haben, nicht einmal ausgesprochen, sondern unter Umgehung entzaubernder Worte einfach realisiert. Aus solchen Erfahrungen speist sich das Vertrauen in unendliche Kommunizierbarkeit.

Was noch zu sagen wäre, was noch zu tun ist, wird dementsprechend auf Umwegen erledigt. Denn in Wahrheit ist noch nicht alles geschafft. Der neue Paarzustand muß noch genauer definiert werden – für die Zukunft. Sartre nimmt einen vergleichsweise harmlosen Zwischenfall zum Anlaß, um mit Blitz und Donner die Atmosphäre zu reinigen. Gut eine Woche nach seiner Rückkehr läßt er sich hart treffen. Ausgerechnet von Martine Bourdin, jener Dame, die sich ihm zu seinem Entzücken im Sommer 1938 so rückhaltlos hingegeben hatte. Die Geschichte scheint damals noch einige Zeit weitergegangen zu sein – bis hin zu Wanda. Der Ärger anderthalb Jahre später besteht nun darin, daß diese Martine gewisse Briefe Sartres («in denen ich das Männchen spiele», erinnert er Castor) Marcel Mouloudji gezeigt hat, dem zwar noch jungen, aber schon gefeierten Schauspieler, der damals zum Umkreis der «petite famille» gehört und besonders mit Wanda befreundet ist. Briefe, die angeblich belegen, daß Sartre es mit Martine noch getrieben habe, nachdem Wanda schon seiner unermüdlichen Verführungsarbeit erlegen war. Außerdem soll er Martine gegenüber mit Wandas Verliebtheit geprahlt haben. Beides ist vorstellbar, wird aber von Sartre vehement bestritten. Wanda indes, der die Sache natürlich zu Ohren gekommen ist, tobt. Sartre erhält eine vierseitige Wutschrift von ihr und tobt nun seinerseits ganz ohne Maß.

Erst mal kriegt die Bourdin einen Brief, der die Palme chauvinistischer Gemeinheit verdient hätte. Dann zieht er gegen sich selbst zu Felde: «Es ist vielmehr so, daß ich wegen alldem zutiefst von mir selbst angewidert bin», so legt er sich in einem Brief vom 24. Februar seinem «kleinen Richter», seinem reizenden Castor zur schleunigsten und möglichst gnadenlosen Aburteilung zu Füßen: «Wozu brauchte ich dieses Mädchen? Um den Don Juan vom Dorfe zu spielen? Und wenn Sie mich mit der Sinnlichkeit entschuldigen, so müssen wir erstens sagen, daß ich keine habe und daß ein leicht erregbares Begehren keine Entschuldigung sein kann, und zweitens, daß meine sexuelle Beziehung zu ihr schändlich war. Ich beschuldige hier nicht so sehr den, der ich mit ihr war, sondern meine sexuelle Persönlichkeit im allgemeinen; mir scheint, bisher habe ich mich bei körperlichen Beziehungen zu anderen Leuten wie ein ungeratenes Kind aufgeführt. Ich kenne wenige Frauen, die ich in dieser Hinsicht nicht in Verlegenheit gebracht habe (außer eben gerade Wanda, was komisch ist). Sie selbst, mein kleiner Castor, für den ich immer nur Respekt gehabt habe, brachte ich sehr oft in Verlegenheit, vor allem in der ersten Zeit, und Sie haben mich schon ein bißchen als obszön empfunden. Zwar nicht als geilen Bock. Ich bin sicher, daß ich das nicht bin. Aber einfach als obszön. Mir scheint, daß da etwas sehr Verdorbenes in mir ist, und, wissen Sie, ich fühlte es dunkel seit einiger Zeit, denn in unserer körperlichen Beziehung in Paris während meines Urlaubs haben Sie bemerken können, daß ich mich verändert hatte. Vielleicht verliert die Stärke der körperlichen Beziehungen dabei ein wenig, aber ich finde, sie gewinnen an Sauberkeit. Jedenfalls war ich zu M. Bourdin, die ich nicht achtete wie Sie, die ich nicht schonte wie Wanda, wirklich niederträchtig. Stellen Sie sich kein Bacchanal vor, es gibt nichts, was ich Ihnen nicht gesagt hätte. Aber es ist die Atmosphäre sadistischer Gemeinheit, die heute wieder aufkommt und die mich anwidert.» Und das Portrait des Philosophen als Ficker vollendet sich in wuchtigen Hieben: «Schlußfolgerung: ich habe nie ein sauberes Sexual- und Gefühlsleben zu führen verstanden; ich empfinde mich zutiefst und ehrlich als ein Schwein. Und obendrein als mittelmäßiges Schwein, eine Art akademischer Sadist und verbeamteter Don Juan, bei dem man das Kotzen kriegt. Das muß sich ändern. Ich muß mir 1. die kleinen gemeinen Geschichten versagen: Lucile, Bourdin usw. und 2. die großen leichtsinnigen Geschichten. Wanda werde ich behalten, wenn es sich einrenkt, weil ich an ihr hänge. Aber wenn es sich nicht einrenkt, ist es vorbei, meine Karriere als Frauenheld wird ein Ende nehmen. Sagen Sie mir, was Sie von alldem halten.»

Wird Castor dem vielleicht allzu bußfertigen Sünder die Absolution erteilen? Wir wissen es nicht. Rätselhafte – weil unkommentierte – Lücke im laufenden Geschäftsverkehr. Vom 20. bis 26. Februar fehlen alle Briefe Simone de Beauvoirs. Und natürlich wußte sie – ausweislich ihres Tagebuchs – am 21. Februar, daß Sartre Ärger bekommen würde. Hat Sartre den «strengen Brief» (den Castor am 26. Februar geschrieben hatte) gleich vernichtet? Oder hat die Herausgeberin der Briefe – Sylvie Le Bon de Beauvoir – hier entgegen ihrem editorischen Bekenntnis diskretes Schweigen installiert? Überdies bricht Simone de Beauvoirs Tagebuch mit dem 23. Februar ab. Auch darin könnte man einen Hinweis erkennen, daß hier ein Abschnitt vollendet wird. Erst nach der französischen Kapitulation nimmt sie – lückenhaft – ihre täglichen Aufzeichnungen wieder auf. So jedenfalls sind wir gezwungen, uns unsere eigenen Gedanken über das «mittelmäßige Schwein» zu machen.

Betrachten wir die ganze Epistel mal als den Entwurf zukünftiger amouröser Raumaufteilung. Es zeigt sich ein sauber gegliedertes dreistufiges Feld: 1. Das Feld der Ehre und der Lebensordnung: Der kleine Castor, «für den ich immer nur Respekt gehabt habe», soll in Zukunft von den anstößigen Schweinereien verschont bleiben – so wie sich das zuletzt schon in Paris angedeutet hat, auch wenn der Gewinn an Sauberkeit mit einem Verlust an Stärke einhergeht. Reizender Castor, ich bin im Bett Ihrer nicht würdig. 2. Das Feld der Laster und der sinnlichen Sinnüberschreitung: Der Stecher, der mit der Aggression des Eindringens und Nehmens spielt und der die Erregung des Erotischen in der Differenz, im Konflikt der Leiber und in der Sprengung der kulturellen Vernunft entdeckt, hat zur Zeit nur eine Partnerin, die ihm auf diesem Felde zu antworten, ihn zu befriedigen und herauszufordern versteht: «Wanda, was komisch ist.» 3. Die zu streichenden Nebenschauplätze: Der «verbeamtete Don Juan» ist es leid, einsame Tänze auf den verkrampften Bäuchen junger Mädchen aufzuführen – wie bei Bianca beispielsweise. Weshalb sie übrigens jetzt der angekündigten Säuberung zum Opfer fällt.

Allerdings brauchen wir uns um die Reinheitsgelübde des soldatischen Mönchs keine allzu großen Sorgen zu machen. Am 28. Februar gibt es schon eine neue «Schlußfolgerung: meine Beziehung zu Wanda hat wieder ihr normales Aussehen angenommen, ich bin (natürlich) total distanziert von dem, der ich Freitag [am 23. Februar, der Tag, an dem er von der Bourdin-Affaire erfuhr] war. Mir scheint, diese Krise wendet sich für mich zum besten.» Also große Entwarnung: die Karriere als Frauenheld geht weiter. Die Krise wendet sich ganz hervorragend für ihn. Es ändert sich nämlich so gut wie gar nichts – von außen gesehen. Nur in der Tiefe geschieht eine Umdeutung: Das Portrait des «mittelmäßigen Schweins» wird Teil eines Programms, wo es Schwein und Nicht-Schwein säuberlich getrennt gibt.

Ziemlich sicher versteht Castor die Botschaft ganz genau und bleibt doch völlig gelassen. Könnte doch sein, daß sie seit geraumer Zeit die stille Eleganz besessen hat, Sartres etwas verschwitzte Begattungsarbeit auf ihr bloß generös zu erdulden . . .

Ja, und mit Wanda steht auch wieder alles zum besten. Was nicht anders zu erwarten war. Schließlich ist die ganze Krise erstunken und erlogen. Oder sagen wir es etwas nachsichtiger: mit Sorgfalt herbeigeführt. In der Aufregung übertreibt Sartre sogar ganz schön, vielleicht um sich so richtig in Fahrt zu bringen. Wahrscheinlich braucht er das Theater ja auch selbst. Der ganze Quatsch um Martine Bourdins Briefe kann doch einen Sartre nicht erschüttern. Ist er nicht schon bei ganz anderen Doppeldeutigkeiten erwischt worden? Daß Wanda – gewiß keine Tochter der Askesse – schmollt und tobt, gehört zu den Spielregeln, die Sartre sehr gut kennt und seinerseits perfekt beherrscht. Schon am 26. Februar schreibt er putzmunter an Simone de Beauvoir, welche neuen Strategien er sich für bzw. gegen Wanda ausgedacht hat.

Die Krise war wirklich gut. Es ging in seinem «hinterhältigen» Bekennerschreiben vom 24. Februar einzig darum, das, was in Paris nur angedeutet blieb, jetzt zum Programm zu erheben. Mitten in seine purlauteren Reinheitsergüsse plaziert er zukünftige Trennungslinien. Als Antwort auf ihre «bitterbösen» Briefe – so teilt er Castor mit – habe er Wanda heute geschrieben: «‹Du weißt ja, daß ich über Leichen gehen würde (selbst über die von Castor, trotz meines ‚Mystizismus‘), damit es mit Dir gut geht.› Der Zweck heiligt die Mittel, aber ich war nicht stolz, als ich das schrieb, Ihretwegen so wenig wie Wandas wegen.» Auf diesem Punkt der ansonsten auffallend rasch verrauschenden Krise insistiert er einige Tage später noch einmal ausdrücklich. In seinem Brief vom 28. Februar an Simone de Beauvoir pocht er ausführlich auf sein Recht auf Leidenschaft, selbst wenn er dafür Gemeinheiten begehen müsse. Doch diese Gemeinheiten haben jetzt eine neue Qualität: «Ich begehe sie nicht halbherzig, wie ich früher das ‹Gute› tat: ich bin darin. Ich finde es widerwärtig, aber ich will es, es ist etwas Volles. Ich denke: der Zweck heiligt die Mittel. Und den Zweck will ich eben.» Und er präpariert sehr genau heraus, daß es ihm nicht um die Leidenschaft zu Wanda im besonderen geht, sondern um die Erfahrung der Leidenschaft selbst. Er kündigt an, daß es diese Leidenschaft für Leidenschaft bei ihm auch in Zukunft geben werde. Das sei auch der Grund der Pariser Krise gewesen. Letztlich Verwirrtheit und mangelnde Trennschärfe zwischen der lichten Innigkeit mit Castor hier und dem dunklen sinnlichen Gleitflug mit Wanda dort. Und er gesteht, daß ihn die Verschiedenheit der Gefühle so durcheinandergebracht habe, daß er fast zu einem Wechsel in die eine oder andere Richtung bereit gewesen sei. Kurz, es gibt etwas, das nicht an Sie heranreicht und doch heilig ist. Nennen wir es Schmutz, Sex oder Leidenschaft – einerlei. Lassen Sie mir diesen blinden Flecken, reizender Castor, mon amour, seien Sie mein ferner und gütiger Zeuge und Schutzengel – heißt das im Klartext. Und so wird es kommen. Simone de Beauvoir schenkt ihm die Abwege, läßt ihn das dunkle Glück heftigen und «animalischen» Begehrens atmen, ich behaupte: ohne mit der Wimper zu zucken. Und ihr Einverständnis fließt, ich behaupte: voller Verständnis.

Es bedurfte einer Menge abenteuerlicher Umwege, bis unsere beiden Bürgerkinder verstanden haben, der natürlich verinnert geltenden Liebesordnung ein paar Schnippchen zu schlagen: Trennungen zu riskieren, um Nähe zu gewinnen. Kann sein, daß in dreißig Jahren unsere Nachfahren nicht einmal mehr das Problem verstehen, an dem Sartre und

Simone de Beauvoir da so umständlich bastelten. Einstweilen erscheinen sie mir noch als Vor-fahrer: so viel Verbind-
lichkeit in einem Meer tiefer Unbestimmbarkeit. Ich wage
die Vermutung, Castor und Sartre haben sich auf diesen Umwegen neu verliebt und neu erfunden. Es bleiben ja noch
vierzig Jahre.

Simone & Castor

Mitten in Paris liegt ein großer schöner Park: der Jardin du Luxembourg. Am Rande dieses Parks plätschert ein alter Brunnen vor sich hin: der Medicibrunnen. Und wenn es mit rechten Dingen zuginge, dann müßte am Rand dieses Brunnens eigentlich ein Kreuz stehen. Das Kreuz, an das Simone de Beauvoir von ihren feministischen Nachkommen öfter geschlagen wird. An dieser Stelle saß im Juli 1929 nämlich ein Paar, das sich soeben kennengelernt hatte: Jean-Paul Sartre, gerade 24 Jahre alt, und Simone de Beauvoir, 21 Jahre alt. Die beiden diskutierten heftig das Problem einer philosophischen Moral. Darüber berichtet Simone de Beauvoir knapp dreißig Jahre später im ersten Band ihrer Erinnerungen, *Memoiren einer Tochter aus gutem Hause* (1958): «Im Jardin du Luxembourg, in der Nähe des Medicibrunnens, setzte ich ihm eines Tages jene pluralistische Moral auseinander, die ich mir zurechtgelegt hatte (...); er zerpflückte sie mir. Ich hielt an meinem System fest (...); ich kämpfte drei Stunden lang. Dann mußte ich zugeben, daß ich geschlagen war.» Sie ahnte, daß viele ihrer Überzeugungen auf Vorurteilen und Unaufrichtigkeiten beruhten: «‹Ich bin mir dessen, was ich denke, nicht mehr sicher, ja, nicht einmal mehr sicher, überhaupt zu denken›, notierte ich bestürzt. Meine Eitelkeit war nicht gekränkt, da ich eher neugierig als rechthaberisch war und lieber lernte als glänzte. Doch immerhin war es nach vielen Jahren hochmütiger Einsamkeit eine ernste Erfahrung für mich, zu entdecken, daß ich weder die Erste noch die Einzige war, sondern eine unter vielen, die sich plötzlich ihrer wahren Fähigkeiten nicht mehr sicher war.»

Es gibt viele Gründe, Simone de Beauvoir zu bewundern.

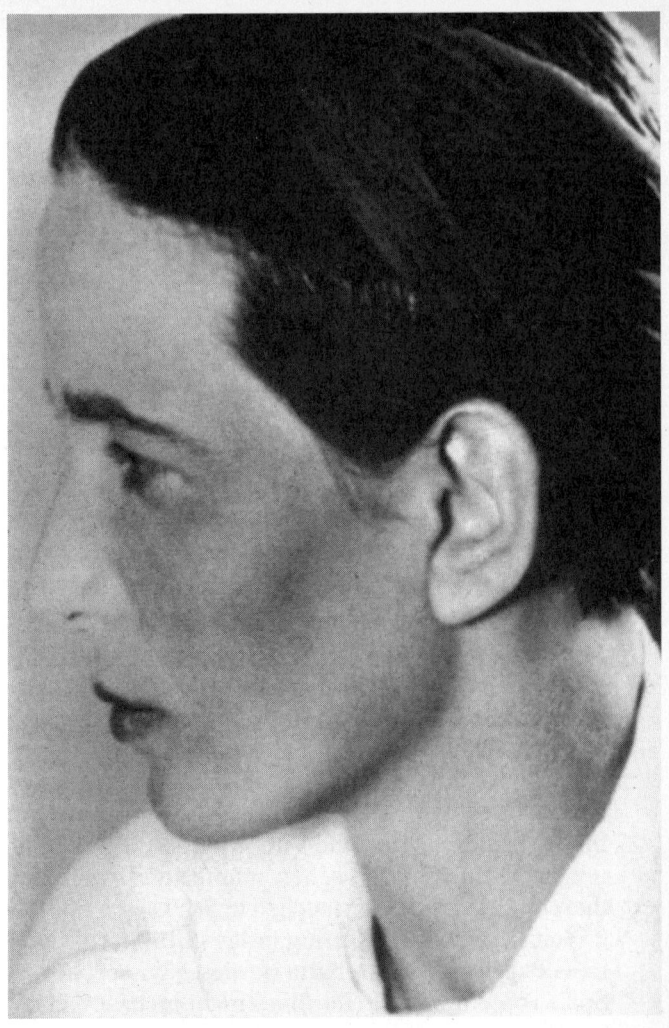

Simone de Beauvoir 1938. «Ich habe mich nie sehr auf die Schönheit verlassen. Als ich 30, 35, 40 war, konnte ich mich manchmal im Spiegel ganz
passabel finden.»

Die Geschichte vom Medicibrunnen wäre einer. Es ist eine wunderbar aufrichtige Version der uralten Offenbarungsgeschichte, wonach die Entfesselung der eigenen Kräfte den Kollaps des verinnerten Common sense verlangt. In den *Memoiren einer Tochter aus gutem Hause* erinnert sich also eine erwachsene, berühmte Frau, daß sie als sehr junge und noch nicht sehr selbständige Denkerin der Power des intellektuellen Ausnahmegenies Sartre nicht gewachsen war. Heute beugen sich feministische Gelehrte mit wonnigem Grausen über diese Stelle, um die Nacht weiblicher Debilität zu erhellen, die sich da über eine ihrer Ahnen gesenkt haben soll. Weil sie sich selbst nicht als ebenbürtig darstellt, geschweige denn als Genie feiert, wird sie als Exempel weiblicher Verblendung gegeißelt. Und es gibt einen untrüglichen Beweis für ihre Verachtungswürdigkeit: Die hochbegabte Philosophiestudentin, die wenige Wochen später zusammen mit Sartre das gefürchtete Abschlußexamen, die *agrégation*, besteht, hätte ihrem ganzen Ausbildungsstand nach Sartre durchaus Paroli bieten können – wenn sie es nicht vorgezogen hätte, sich weiblich demütig zu unterwerfen. Offenkundig entgeht den vergleichsweise unter Treibhausbedingungen groß gewordenen Feministinnen unserer Tage, daß es hier einmal nicht um akademische Exzellenz, rhetorische Warmluft oder um ein universitäres Bewerbungsgespräch geht, sondern um die leidenschaftliche Entdeckung einer intellektuellen Kreativität, zu der ihre ganze Ausbildung Simone de Beauvoir gerade nicht ermutigt hatte. Außerdem war sie – als Frau – eben nicht in den Genuß von Sartres Eliteschulung gekommen.

Es würde den Kritikerinnen wahrscheinlich auch nicht helfen, darauf hinzuweisen, daß etliche Berichte bezeugen, wie gestandene und brillante Männer und Frauen Sartres intellektueller Wucht fasziniert erlegen sind. Wenn das Wort denn überhaupt Sinn macht, darf man Sartre durchaus ein Genie durchpulsten Denkens nennen. Und wir dürfen

Simone de Beauvoir getrost glauben, daß sie das nicht war – das geringste ihrer Probleme. Sie zog einen ehrlichen Realismus vor, weshalb sie auch gelassen über ihr literarisches Werk schreiben konnte: «Ich bin keine virtuose Schriftstellerin gewesen. Ich wollte mich existent machen für die anderen, indem ich ihnen auf unmittelbarste Weise mitteilte, wie ich mein eigenes Leben empfand: Das ist mir in etwa geglückt.» Weder Bescheidenheit noch Selbstüberschätzung. Simone de Beauvoir hatte zeitlebens ein beinahe absolutes Gespür für ihre Möglichkeiten, für ihr Pensum. Und vielleicht ist sie auch deshalb eine der bedeutendsten Frauen des 20. Jahrhunderts geworden.

Die Zeremonien feministischer Exkommunikation sind grausam und gewiß grausamer als «Sartres philosophische Defloration ihres Denkens» (Toril Moi). Aber von welcher gefährlichen Krankheit wird Simone de Beauvoir im Jardin du Luxembourg eigentlich befallen? Die französische Philosophin Michèle Le Dœuff behauptet allen Ernstes, Simone de Beauvoir verkläre hier Sartre zu einer «Inkarnation phallischer Vollkommenheit schlechthin». Ein Phallus – und erst recht, bleibt er unsichtbar – rechtfertigt scheint's jeden Prozeß. Doch besitzt die junge Frau am Medicibrunnen nicht vielmehr das Genie, auf Anhieb zu verstehen, daß ihr Weg zu sich selbst über das Kraft- und Kreativitätspaket Sartre führt? Umgekehrt wird wahrscheinlich auch Sartre direkt erkannt haben, mit welcher Ausnahmegestalt er es hier zu tun hat.

Ungeachtet spätfeministischer Exegesen und männlicher Invektiven kommt man nicht umhin zu erkennen, daß Simone de Beauvoir eben nicht Sartres Schülerin, sondern Simone de Beauvoir geworden ist, das heißt eine der meistgelesenen und einflußreichsten Schriftstellerinnen ihrer Zeit, die außerdem mit *Das andere Geschlecht* (1949) ein Buch geschrieben hat, dessen Wirksamkeit Sartres gesammelte Geniestreiche zur Makulatur werden läßt. Keiner hätte das Werk des anderen schreiben können oder wollen. Besorgniserregend wäre bloß, wenn es während der fünfzig Jahre ihres intensiven Zusammenlebens und -arbeitens keine intellektuelle Osmose, das heißt keinen gemeinsamen Stoffwechsel gegeben hätte.

Als Feministen oder Philologen verkleidete Scheidungsanwälte fahnden unaufhörlich nach «Anteilen» von Sartre in Simone de Beauvoirs Werk. Mit Wonne «entlarvt» man, daß sie sich in *Das andere Geschlecht* auf den Existentialismus beruft. Als sei das Sartres Monopol und als sei sie an diesem Denken ganz unschuldig gewesen. Man vergißt gerne, daß dieses Buch eine immense Überschreitung der «existentialistischen» Reichweite bedeutete. Sartre jedenfalls war Ende der vierziger Jahre meilenweit von einer konkreten materialistischen Untersuchung entfernt. Die wird er erst mehr als ein Jahrzehnt später vorlegen können, nämlich mit der *Kritik der dialektischen Vernunft*, seinem zweiten philosophischen Hauptwerk, das 1960 erscheint. Wie auch immer, selbst wenn man umgekehrt nach Simone de Beauvoirs Einfluß auf Sartre fragt, dreht man bestenfalls eine Ehrenrunde im Labyrinth der Gelehrsamkeit. Die intellektuelle «Osmose», wie die beiden ihren spirituellen Zusammenhang selbst genannt haben, ist eine offene und selbstverständliche Tatsache und bedarf keiner «kritischen» Forschung. Nach dem wirklich aufregenden Geheimnis fahnden unsere Quotengelehrten hingegen nicht: Wie können aus dieser Nähe zwei derart unterschiedliche Werke entstehen?

Hundertfach labt(e) sich der akademische Stammtisch daran, die Ungleichheit in der Beziehung zwischen Castor und Sartre nachzuweisen. Schließlich turnte der philosophische Knirps durch die Betten, während Simone de Beauvoir geduldig zu Hause wartete. In der Tat klingt das in ihren Memoiren ja auch ein bißchen so. Von ihren eigenen Liebschaften erzählt sie nur, wenn es reife Früchte eines vollen Herzens sind: Nelson Algren oder Claude Lanzmann. Und das war schon mutig genug. Oder glaubt irgend jemand ernsthaft, diese Frau hätte es wagen dürfen, Frivoles, Pikantes oder bloß Geiles ungeschützt preiszugeben, ohne damit ihre stets gefährdete intellektuelle Reputation aufs Spiel zu setzen? Wenn es eine Ungleichheit zwischen den beiden gab, dann resultierte die aus den Gesetzen, Regeln und Sitten, die Frauen objektiv benachteiligen. Es sei daran erinnert, daß in Frankreich die Frauen erst 1945 das Wahlrecht erhielten. Man vergebe mir den Hinweis: Da war auch «die Emanzipation» noch nur ein Gerücht.

Floskeln wie «die Inkarnation phallischer Vollkommenheit» mögen das Eintrittsbillett in die Welt zeitgenössischen akademischen Aberwitzes bedeuten. Aber die Pointe liegt woanders: Wie kommt es, daß eine tonangebende Fraktion des heutigen Feminismus sich Schritt für Schritt den Haß der Männer und Bürgerfrauen gegen Simone de Beauvoir aneignet – bloß feministisch variiert? Schließlich meinten schon vor fünfzig Jahren gelehrte wie ungelehrte Herren zu wissen, daß Simone de Beauvoir ein Blaustrumpf sei, der Sartre hinterherläuft, alles von ihm abschreibt und sich ansonsten von ihm ausnutzen läßt. Und sie haben es die «Grande Sartreuse» – die philosophische und erotische «Hure dieses Wurms» (so ihr Vater Georges de Beauvoir) – grausam und unbeirrbar wissen lassen. Noch 1997 steht im meistverbreiteten französischen Lexikon Le petit Larousse: «Simone de Beauvoir, Schriftstellerin, Schülerin und Gefährtin Sartres.»

Katharina Rutschky zeigt in ihrem Aufsatz «Feminismus und Spießigkeit» (Merkur, Januar 1995), worum es der erstaunlichen Allianz von postmodernem und Latzhosen-Feminismus der gebildeten Mittelschichten heute geht. Er funktioniert als Bollwerk gegen die Zumutungen der Moderne. Mitten im Kampfplatz des modernen Lebens errichtet jener Feminismus das halb betuliche, halb fundamentalistische Lagerfeuer der «Weiblichkeit». «Weiblichkeit» schützt vor gewissen Folgen der Gleichstellung. So beruft man sich beispielsweise gegen den Militärdienst für Frauen auf die weibliche Friedfertigkeit. Gegen die grausamen Imperative der modernen Leistungsgesellschaft revoltiert die erdgebundene und mütterliche Natur der Frau. Wodurch die Frau automatisch zum Opfer der von männlichem Leistungswahn regierten Welt wird – ein Opfer, das seine wahre Identität in der Tiefe der weiblichen Opfergeschichte findet.

Dagegen lautete der Grundsatz der materialistischen Analysen Simone de Beauvoirs: «Man kommt nicht als Frau zur Welt, man wird es.» Entsprechend bestritt sie jedes «Wesen» der Weiblichkeit und forderte die materielle und rechtliche Gleichstellung der Frauen. Allerdings nicht mit dem Ziel der «Vermännlichung», sondern um endlich die Verantwortung für das eigene Glück auch in einer feindlichen Welt zu übernehmen. Implizit bedeutete das, sich *politisch* gegen die Zumutungen einer gewalttätigen und glücksfeindlichen Welt aufzulehnen. Einen Feminismus, der im Namen von Weiblichkeit und Mütterlichkeit für den Frieden demonstriert, nannte sie schlicht absurd. Die Sache der Frauen zu vertreten hieß, eine weitere schwierige Kampffront zu schaffen. Darunter verstand sie eine Praxis, deren theoretische Grundlagen sie in *Das andere Geschlecht* formuliert hat – aber niemals ein geschlossenes Weltbild der weiblichen Natur als Moralprogramm.

Simone de Beauvoir hat exakt auf der Höhe ihres Programms gelebt. Ihr fünfbändiges Memoirenunternehmen, die Geschichte ihres Lebens von der Kindheit bis zu Sartres Tod im Jahre 1980, diente der Ermutigung – nicht nur der Frauen –, neue Wege zu suchen. Sie hat ihr Leben als ein dichtes, glückliches Abenteuer verstanden. Manches hat sie verschwiegen, niemals aber die Abgründe, die Ängste und auch nicht die Phasen des Unglücks. Es gibt wahrscheinlich kein selbstkritischeres Werk über den Kampf und das Glück einer Intellektuellen in diesem Jahrhundert. Ohne jede

Simone der Beauvoir mit vierzig. Romanschriftstellerin. Sachbearbeiterin des «Existentialismus». Belächelt als «Grande Sartreuse».

kokette Geste und mit verblüffender Präzision analysiert sie die Irrtümer, Dummheiten und Durststrecken ihres (und teilweise Sartres) Leben. «Ein Menschenleben ist eine seltsame Angelegenheit, von einem Augenblick zum anderen sonnenklar und im ganzen undurchsichtig, etwas, das ich mir selbst zurechtmache und das mir aufgezwungen wird, dessen Substanz mir die Welt gibt und nimmt, zermahlen durch die Ereignisse, zerstückelt, zerfetzt, zerhackt und dennoch ein einheitliches Ganzes. Schwerwiegend und flüchtig: ein Widerspruch, der die Mißverständnisse begünstigt.» So schreibt sie in *Der Lauf der Dinge*. Kein Zweifel, Simone de Beauvoir hat sich in dieses unordentliche Ereignis, das Leben, gestürzt, sie hat es geliebt und dabei auf alle Illusionen des Heils verzichtet. Der Kampf der Frauen führte für Simone de Beauvoir nie und nimmer in das Paradies der Weiblichkeit, sondern nur auf die Baustelle der Moderne.

Dieser hochkompetenten, weisen Hüterin ihres rauhen und prekären Glücks – gibt es ein anderes? – lag nichts ferner als die schmollende Verwaltung von «Weiblichkeit». Versteht sich, daß die Hüterinnen eines kugelrunden Weltbilds in Simone de Beauvoir eine Hexe entdecken. Weshalb sie verbrannt werden muß. Wir brauchen nur die umfangreiche Biographie der Amerikanerin Deidre Bair über Simone de Beauvoir zu lesen. Das Buch gilt als die genaueste und kritischste Darstellung ihres Lebens. In Wahrheit vollstreckt diese – ausdrücklich so genannte – «feministische Biographie» grausam, aber unauffällig die Hinrichtung von Simone de Beauvoir: die schmallippige Ausstreichung allen Muts, aller Wärme und aller Großzügigkeit aus diesem Leben, die Wiedergeburt der dümmsten Männerphantasien in Gestalt feministischer Artigkeit. Wahrscheinlich kein «weiblicher», nur ein «feministischer» Blick kann derart uneinfühlsam, starr und ahnungslos über das Wagnis, die Erregung, das Glück und auch die Widersprüche dieses reichen Lebens hinwegsehen. Diese Biographie sagt alles über einen bestimmten Feminismus und nichts über Simone de Beauvoir. Das entschuldigt zwar nicht die zahllosen Fehler im Detail, erklärt aber die unhaltbaren Einseitigkeiten, die oft – wenn nicht meistens – um den Preis unglaublicher Fälschungen erkauft werden.

Jenseits aller kritischen Auseinandersetzung ist Simone de Beauvoirs Leben und Werk heute von systematisch geschürten bösartigen Ressentiments umgeben. Die in den USA lehrende Norwegerin Toril Moi, die in ihrem Buch *Simone de Beauvoir. Die Psychographie einer Intellektuellen* (1996) den ziemlich zaghaften Versuch unternimmt, in Simone de Beauvoirs Krankengeschichte wenigstens ein paar Diagnosen zu korrigieren, gibt zu Protokoll: «Wie meine Analyse des kulturellen Feldes in Frankreich zeigt, wäre es mir gewiß schwergefallen, auf dem linken Seine-Ufer [über Simone de Beauvoir] zu schreiben. Die Kiefern von North-Carolina waren da in mehr als einer Hinsicht ein Segen für mich.» Grosso modo läßt sich ähnliches auch über die Szene in Deutschland sagen.

Was der real existierende Feminismus nicht erledigt, das besorgt die misogyne Oberschicht des französischen Geisteslebens. Wie gehabt. Schon Albert Camus hat 1949 nach der Lektüre von *Das andere Geschlecht* der Verfasserin vorgeworfen: «Sie haben den französischen Mann lächerlich gemacht.» Und bis heute wacht an der Spitze der «Republik des Geistes» nach wie vor ein vergreistes Männergremium, die Académie Française. Verdienstvolle Herren, die sich allen Ernstes «die Unsterblichen» nennen, wenn auch die Namen der meisten schon zu Lebzeiten vergessen werden. Immerhin besaß diese Behörde des guten Geschmacks vor einigen Jahren die Kühnheit, ein Weib in ihre Reihen aufzunehmen: Marguerite Yourcenar, die die peinliche Zeremonie geduldig über sich ergehen ließ und es im übrigen vorzog, in den Vereinigten Staaten zu leben und zu sterben – ihre (lesbische) Lebensart hätte Anlaß zur Besorgnis geben können.

Simone de Beauvoir hat keine Vorgängerin und keine

Nachfolgerin mit vergleichbarer Ausstrahlungskraft. Es muß die Franzosen hart getroffen haben, daß ausgerechnet ihre Nation jene weibliche Ausnahmepersönlichkeit hervorgebracht hat. Schließlich verdankte sie ihren stets von Haß umzingelten Ruhm einem nahezu systematischen Bruch mit den strengen ästhetischen und akademischen Codes in Frankreich. Man hat heute manchmal den Eindruck, das Land muß sich von dem Schock erholen, daß es sich nach dem Krieg mehr als zwanzig Jahre lang von den Barbaren – Sartre und Simone de Beauvoir – hat irritieren lassen. Was für Sartre in hohem Maß gilt, nimmt im Falle von Simone de Beauvoir beinahe hysterische Ausmaße an: Schließlich handelt es sich hier sogar um eine Barbar*in*, die weder eine Professur an einer der Elitehochschulen innehatte noch den Maßstäben einer musikalischen und zweckfreien Ästhetik entsprach. Doch die Nation erholt sich langsam: Heute könnte man meinen, die beiden hätten kaum existiert, auch '68 nicht. Und wenn ein Sonnenpräsident sich und der Nation wieder einmal ein besonders wuchtiges Kulturdenkmal stiftet, dann könnte man sogar glauben, 1789 stünde noch bevor. Allein, die wütenden Reaktionen der französischen Geistesverweser haben nicht gerade zu einer Neubelebung der französischen *Esprit*-Reputation in der Welt beigetragen. Die postmodernen Platzhirsche müssen verzweifelt zur Kenntnis nehmen, daß die Pariser Lichter allenfalls noch die grauen Studierstuben des internationalen akademischen Mittelbaus erhellen.

Der Konsens der Häme ist keine Reaktion, die Simone de Beauvoir erst gegen Ende ihres Lebens oder gar post mortem widerfährt, sondern ein kontinuierliches Begleitphänomen ihres ungewöhnlichen Lebensweges, in dem sie sich als Frau gegen geballte Abwehr durchsetzen mußte – was nicht ohne Verinnerung abgehen kann. Nach dem Kampf um Selbständigkeit gegenüber ihren Eltern galt es die institutionellen und mentalen Hindernisse während ihrer schulischen und universitären Ausbildung zu überwinden. Anschließend lauerten die Boshaftigkeiten, mit denen die gefährliche Frauenrechtlerin als die «Grande Sartreuse» erst von Männern, dann von Frauen verächtlich gemacht wurde. Kurz, nur als Castor konnte Simone de Beauvoir auf ihre – von vielen bezeugte – kühle, gelegentlich unwirsche, oft uncharmante Außenhaut verzichten. Daß diese attraktive – manche sagen: schöne – Frau sich sogar erlaubte, auf die Rhetorik äußerlicher Eleganz und das Parfum klassischer Weiblichkeit zu verzichten, ist gewiß nicht das geringste in der langen Reihe ihrer Vergehen gegen die Schicklichkeit.

Am Medicibrunnen im Juli 1929 saß keine erfahrene Frau, sondern ein junges Mädchen, das ihrer Vergangenheit gekündigt und keinerlei Vorbild hatte. So gesehen geschah dort etwas zutiefst Ungewöhnliches. In jener philosophischen Schlacht zu verlieren hat Simone de Beauvoir offenkundig mehr Mut als Angst gemacht. Das Gespräch mündete in Aufbruchstimmung und nicht in verschüchterte Resignation. Wahrscheinlich ist ihr zum ersten Mal ein Mann begegnet, der sie auf die selbstverständlichste Weise und ohne gönnerhafte Fair-play-Geste einfach von gleich zu gleich behandelt hat. Sartre, der kleine häßliche Mann, der bereits fest entschlossen war, sich mit seiner Zeit anzulegen, suchte keine Frau, die er intellektuell zertrümmern konnte, um sich hinterher erotisch und kulinarisch von ihr bekochen zu lassen. Er suchte – und fand – eine unwiderstehliche Gefährtin seiner damals gewiß noch vagen Welteroberungsphantasien. Solche Gemeinsamkeit verträgt keine Hierarchie. Gewiß wollte er auch gefallen, erobern in bestimmtem Sinn. Geschenkt – wer so aussieht, muß schwer rackern. Da er aber in ihr nicht das Weibchen suchte, konnte sie beides sein: eigenständige Intellektuelle und Frau. Beides war neu für sie. Die erste Liebe ihres Lebens eröffnete ihr eine entscheidende Perspektive: nämlich den Umbau der akademischen Selbstbehauptung in ein durchpulst kreatives Denken. Genau das, was ihre Ausbildung Simone de Beauvoir nicht bieten konnte, wenn nicht gar untersagte. Wenn sie es bei Sartre gefunden hat, dann, weil sie es suchte.

Natürlich blieb das Paar – ungeachtet seiner gegenseitigen Anerkennung – auch jenseits der verschiedenen Temperamente de facto ungleich. Später schreibt Simone de Beauvoir über das Gefühl, das sie 1931 in Marseille empfand, als sie ihre erste Stelle als Lehrerin antrat: «Die *agrégation* bestehen, einen Beruf haben – das verstand sich für ihn [Sartre] von selbst. Ich dagegen hatte dort oben auf der Treppe von Marseille einen Freudentaumel erlebt. Mir war mein Schicksal nicht auferlegt, ich hatte es gewählt. Der Beruf, in dem Sartre seine Freiheit versanden sah, bedeutete für mich noch immer eine Befreiung.» Während Castor mit Bestehen der *agrégation* im Alter von 21 Jahren im Grunde schon den überwältigenden Sieg ihres Lebens errungen hatte, legte Sartre damit erst den standes- und geschlechtsmäßigen Grundstein für seine noch zu leistende Karriere. Deshalb, aber auch wegen seiner schier unersättlichen intellektuellen Gier blieb Sartre die treibende und offensive Kraft in Castors Leben. Genau das hat sie im Sommer 1929 verstanden und zu ihrer Chance gemacht. Und es muß ungeheuer viel Mut und Selbstsicherheit bedurft haben, einen Sartre zu seiner Chance zu machen.

1929, im Jardin du Luxembourg, mitten in Paris, konnte Sartre ein doppeltes Wunder bestaunen, das ihn zu Höchstleistungen herausfordern sollte: Ihm gegenüber saß eine attraktive, vielleicht ein wenig unsichere junge Frau nach vollbrachter schriftlicher Prüfung kurz vor dem mündlichen Examen in der schwierigsten und prestigeträchtigsten Prüfung des französischen Elitehochschulwesens. Man muß sich das genauer vergegenwärtigen: Nach mehrjähriger Vorauswahl waren in jenem Jahr 66 Kandidaten angetreten; davon erhielten nur 27 die Zulassung zum mündlichen Examen;

schließlich sollten dreizehn die Tortur bestehen. Simone de Beauvoir meisterte als neunte Frau überhaupt diesen Kreuzgang. Sie war – geschlechtsunabhängig – die bis dahin jüngste *agrégée*. Überdies absolvierte sie das Examen als Zweitbeste mit winzigem Abstand hinter Sartre (der im Vorjahr durchgefallen war). Das erste Wunder: Woher nahm diese junge Person die Kraft, gegen alle Widerstände ihres Milieus und der Institutionen derart außergewöhnliche Leistungen zu vollbringen? Zweites Wunder: Woher nahm sie die Kühnheit und das Selbstbewußtsein, kurz vor dem glanzvollen Erreichen des Ziels statt vom Lorbeer zu träumen auf Irritation zu setzen?

Das sind Fragen, die uns auf ihre Herkunft verweisen, auf die Umstände ihrer Kindheit. Wir brauchen hier nicht in die Geheimnisse ihrer kindlichen Psyche einzudringen. Es reicht, wenn wir das Personal und die Bedingungen ihrer Kindheit skizzieren, um zu zeigen, welche Schlüsse sie daraus gezogen hat. Man kann das Bürgertum jener Zeit – Simone de Beauvoir wurde 1908 geboren – mit Fug und Recht als Klasse bezeichnen. Man kann es aber auch als eine Ansammlung unglücklicher, im Gestrüpp ihrer Zeit hoffnungslos verirrter Menschen beschreiben. Der Bürger ist ein Mensch, gegen den sich Religion und Körper und Ökonomie und Sexus und Kultur und Seele und Sitte in einem verhexten Durcheinander verschworen haben, um ihn an seinem Glück zu hindern. Simone de Beauvoirs Eltern sind dafür ein Beispiel wie aus dem Lehrbuch.

Zur Zeit ihrer Geburt befindet sich die Familie de Beauvoir zwar noch nicht im freien Fall, aber es geht schon recht bescheiden zu. Dennoch wird die kleine Simone fleißig auf die Ideale der Noblesse getrimmt. Im Alter von drei Jahren versteht sie es perfekt, die Visitenkarte aus dem Handtäschchen zu zücken, um sie mit einem anmutig-demütigen Knicks auf das Silbertablett einer Tante oder anderer Vertreter der Ober-

«Ich glaube allzu entschieden an den Tod, als daß es mich bekümmerte, was hinterher kommt. Kaum hatte sich der Traum meiner zwanzig Jahre erfüllt – durch Bücher Liebe zu erringen –, konnte mir nichts mehr meine Freude verderben.»

welt zu legen – ganz *comme il faut*. Die *de* Beauvoirs fühlen altes Blut in ihren Adern rauschen. Und immerhin verfügen sie über soviel Grundbesitz im Limousin, daß sie glauben, bürgerliches Erwerbsstreben nicht ganz ernst nehmen zu müssen. Trotzdem tritt Georges, Simones Vater, nach seinem Jurastudium einer renommierten Pariser Anwaltskanzlei bei. Das machte sich gut auf seiner Visitenkarte. Ob er juristisches Talent besitzt, wissen wir nicht. Er läßt es gar nicht erst darauf ankommen. Entschieden mehr interessieren ihn die Künste und die leichte Muse. Gerne spielt er den mondänen Salonlöwen und amourösen Streuner, ein Charmeur alter Schule mit noch älteren Ansichten über den gerechten Lauf der Dinge, ein echter «boulevardier», wie Hélène – Simones zwei Jahre jüngere Schwester – später erklärt.

Die sich erschöpfenden Ressourcen der Familie de Beauvoir gedenkt Georges de Beauvoir durch einen in seinen Kreisen üblichen Trick aufzustocken: durch Heirat. Er hat sich die hübsche Françoise Brasseur ausgeguckt – höhere Tochter aus prächtig blühendem Lothringer Bankiershaus, von so feiner katholischer Erziehung, wie sie sonst nur den Geblütsvornehmen zukommt. Indes, kurz nach der Eheschließung – 1907 – laufen die Geschäfte ganz miserabel. Im Jahre 1909 muß Vater Brasseur Bankrott erklären. Sein Privatbesitz wird eingezogen, und wegen Betrugsverdacht wandert er für ein Jahr in Untersuchungshaft. Françoise' Mitgift ist dahin. Den Rest erledigt der Erste Weltkrieg: Inflation und Spekulationsverluste lassen Georges' Erbe dahinschmelzen. Er muß jetzt seine Familie aus eigener Kraft ernähren. Als Advokat war er längst gescheitert. Während des Krieges hat er – als Soldat untauglich – eine minimal bezahlte Stelle im Kriegsministerium inne. Nach diversen anderen Anstellungen versucht er sich bei verschiedenen Zeitungen als Redakteur. Doch auch dafür reicht sein Leistungsvermögen nicht. Schließlich kann er seinen Charme als einigermaßen erfolgloser Anzeigenacquisiteur an den Mann bringen.

Was tun Menschen, denen sehenden Auges die Felle davon-schwimmen? Sie klammern sich an höhere Tugenden. Georges spielt also mehr denn je den noblen Causeur, den Caféhausdandy, der mit den gemeinen Sorgen um Subsistenz nichts zu tun hat – auch wenn 1919 der Abstieg für alle sichtbar wird. Er kann die Wohnung am Boulevard Raspail mit dem Gepränge ansehnlichen bourgeoisen Wohlstands nicht mehr halten. Die Familie muß in eine sehr viel bescheidenere Wohnung in die Rue de Rennes umziehen – 5. Stock ohne Aufzug. Darüber liegen nur noch die Dienstbotenkammern. Und dann kommt der Himmel, auf den Françoise jetzt alle Hoffnung setzt. Einerseits hält sie das Geld mit dem furchtbaren Eifer einer die Mitgift schuldenden Ehefrau zusammen. Andererseits treibt sie die Familie durch das Nadelöhr ihres fundamentalistischen Katholizismus. Das bekommen vor allem die Töchter zu spüren. Bis sie endgültig aus dem Haus fliehen, werden sie einer unbarmherzigen Kontrolle unterworfen. Die Welt ist schlecht, und bevor sie ganz aus den Fugen gerät, nimmt Françoise ihre Kinder in die Zange katholischer Schicklichkeit und Erbauung. Sie kontrolliert jedwede Lektüre der beiden Töchter und öffnet und zensiert Simones Post noch, als die schon 19 Jahre alt ist.

«Pflicht, immer nur die Pflicht, und unbeugsame Tugend», so beschreibt Hélène später ihre Mutter. Kein Wunder, daß jegliche mitschwingende Geduld und warme Geste für ihre beiden kleinen Nonnen unterbleibt. Nach Simones Einschulung in eine Privatschule für höhere Töchter überwacht Françoise, im Hintergrund strickend, jede Unterrichtsstunde und achtet auf Einhaltung von Tugend und Sitte. Als ob die geringste Gefahr bestanden hätte. Das Lehrpersonal hatte fast alle Kurse in Heiligkeit bestanden, aber keinen in modernem Denken. Man ahnt, daß der Zusammenstoß von Georges' pseudonobler Sorglosigkeit und Françoise' katholischer Strenge im Hause de Beauvoir zu heftigen Entladungen führen muß. Die Ehe ist weder katholisch noch von Adel geläutert: sie läuft ganz normal mies. Wenigstens diese Lektion verdankt Simone de Beauvoir ihrem Elternhaus: Die Ehe ist kein Zuckerschlecken.

Und was macht sie in dieser historisch, sozial und mental um- und zusammenbrechenden Welt? Sie sammelt sich. Versunken in die Welt der Bücher, anbetend die Mythen der Schrift, findet sie Halt in weltlicher Distanz. Vom Vater in den Geist der Bücher initiiert, opponiert sie gegen die Mutter (in deren Augen nur die wenigsten Bücher für anständige Mädchen geeignet sind). Georges de Beauvoir indes, launischer Wanderer zwischen Spiel und Depression, entdeckt eines Tages, daß Simone, das ernste Kind, Hang zur Blaustrümpfigkeit erkennen läßt. Und es trifft sich, daß sie gerade zu diesem Zeitpunkt – als sie etwa elf ist und die Wende im Umzug der Familie drastisch sichtbar wird – vom hübschen ranken Kind zur präpubertär ungelenken Verräterin an des Vaters gefälligen Frauenbildern wird. Sie sei häßlich, fällt die Guillotine aus Vatermund und zerschneidet ihr Band.

Simone fühlt sich von allen guten Geistern verlassen: langsam im offenen und heftigen Konflikt mit ihrer Mutter, vom Vater im Stich gelassen und die ganze Familie deutlich auf der schiefen sozialen Bahn. «Ihr, meine Kleinen, werdet euch nicht verheiraten, ihr müßt arbeiten», so lautet der realistische Beitrag Georges de Beauvoirs zur Familienlage. Denn die Kassen des alten Geblüts sind leer und ohne Mitgift kein Mann. Simone hat die Revolte nicht gesucht, aber sie kann ihr kaum ausweichen. Da in dem Leben, das sie führt, kein Platz für sie ist, muß sie sich einen schaffen. Solche Initiative allerdings ist in ihrem Milieu auch nicht vorgesehen. Also erfindet Simone ihren Weg. Die Welt der Bücher wird vom Traumraum zum Instrument materieller und mentaler Unabhängigkeit umgepolt. Mit fast schon manischem Eifer stürzt sich das traurige Mädchen in die Welt der Bildung – soweit die für Mädchen überhaupt zugänglich ist.

Der *Cours Désir*, wo Simone 1914 eingeschult wird, ist eines jener Institute, wo kultivierte Ehefrauen und zukünftige Mütter zur erfolgreichen Reproduktion der französischen Oberschicht herangezüchtet werden. Keine Klosterschule zwar, doch strenges Anstandsheim, kostenpflichtig obendrein. Was Françoise zu unfaßlichen Sparmaßnahmen zwingt, ihr aber auch das Gefühl gibt, noch nicht ganz der Welt der Kleinbürger, in der man de facto lebt, anheimgefallen zu sein.

Der *Cours Désir* führt nicht zur normalen Hochschulreife, sondern nur zu einer Art Puddingabitur. Simone muß zusätzlichen Privatunterricht nehmen, um ein vollwertiges Abitur ablegen zu können, das sie zur Einschreibung an der Universität berechtigt. 1925 hätte es soweit sein können, doch Mme de Beauvoir setzt sich ein allerletztes Mal durch. Studium, schön und gut, wenn's denn sein muß, aber keine Philosophie. Die steht bei Françoise de Beauvoir im Verdacht, ihr Lebenswerk, die reine Seele ihrer Tochter, zu verderben. Ähnliches ist zu befürchten, wenn Simone an der Sorbonne studiert, wo Françoise das Laster der Freidenkerei am Werke sieht. Und so beginnt Simone schließlich ein Studium der klassischen Philologie am Institut Sainte-Marie und der Mathematik am Institut catholique. Beide Institute haben die Aufgabe, katholische Mädchen auf die Examina an der Sorbonne – nur da können die akademischen Prüfungen abgelegt werden – vorzubereiten und sie gleichzeitig vor laizistisch-frivolen Einflüssen abzuschirmen. Obwohl Simone ihr erstes Studienjahr mit unglaublichen drei *certificats* abschließt, befriedigt sie die Auswahl ihrer Fächer nicht. Endlich setzt sie sich gegen ihre Eltern durch, Philosophie an der Sorbonne studieren zu dürfen – jene Königsdisziplin, in der man sich noch lange nicht an den Anblick von Frauen gewöhnen wird. Sie beginnt also erst 1926 mit ihrem regulären Studium, legt in atemberaubendem Tempo die erforderlichen Examina ab und besteht schließlich drei Jahre später, im zarten Alter von 21 Jahren, glanzvoll die berüchtigte *agré-gation*. Wer sich ein wenig im französischen Hochschulunwesen auskennt, ahnt noch heute, was das bedeutet haben mag. Nur schwer nachvollziehbar ist, unter welchen für Frauen nachteiligen schulischen und universitären Bedingungen Simone das Rennen aufgenommen hat. Ein Sartre und die meisten anderen männlichen *agrégation*-Kandidaten wurden sechs Jahre lang einer Spezialdressur unterzogen, die sie auf den krönenden Abschluß vorbereitete.

Kurz, Simone de Beauvoir hat die blassen alten Sterne ausgeblasen, die über ihrer Wiege standen, und verblüffend erfolgreich eigene Wege eingeschlagen. Sie hat sich aus dem mentalen und sozialen Abstiegsstrudel ihrer Familie gerettet. Sie hat die Korsettagen der Schicklichkeit gelöst und das Ideal gefälliger junger Mädchenblüten sabotiert. Sie hat sich und anderen ein unglaubliches Durchsetzungsvermögen bewiesen. So gesehen prädestinierte sie absolut nichts dafür, sich von irgend jemandem – und sei es ein Sartre – aus den Angeln heben zu lassen. Aber Simone de Beauvoir wäre eben nicht Simone de Beauvoir, wenn ihr Einsatz nicht doch ein bißchen höher gewesen wäre. Sie ist fast allen Erwartungen ihres Milieus entkommen. Sie hat die Praxis der Töchter aus gutem Hause revolutioniert. Sie hat volle Unabhängigkeit erworben – und jetzt? Jetzt lauern die Institutionen auf sie, das Beamtenleben, die zähen Freuden einer hochbegabten Studienrätin.

Warum hat sie ausgerechnet Philosophie studiert? Dahinter stand der noch ganz ungehobene, diffuse und märchenhafte Traum vom Schreiben, ein Traum, der sie in der Wüste ihrer Kindheit gerettet hat: die kühne Phantasie von der Selbstbegründung in der Erkenntnis, wenn man schon den gewachsenen Riten der Sitte und den geschichtlichen Realitäten nicht vertrauen kann. Die Welt der Bücher hat sich in ihrem bis dahin gewiß nicht sorglosen Leben als die mit Abstand verläßlichste erwiesen. Ist vielleicht im Juli 1929, am

Medicibrunnen, als sie sich in die lange Diskussion mit Sartre verstrickt, die dunkle Ahnung geplatzt, daß sie – nach all dem Kampf, dem Marathonlauf durch das vorsortierte Wissen, eingeweiht in das Geklapper der Rhetorik und die Stilübungen des akademischen Bluffs – alles erreicht, aber nichts zu sagen hat? Erklärt das vielleicht, warum gerade Sartre – der im konventionellen Sinn gewiß nicht attraktivste der sie umwerbenden Herren – wie eine Bombe bei ihr einschlug? Der Hinweis, daß es in jenem Gespräch um die Zertrümmerung einer gemütlichen Moral ging, ist vielsagend. Ansonsten wissen wir nicht genau, was da drei Stunden lang debattiert worden ist. Vielleicht spielten die Details auch gar keine so große Rolle. Denn man ahnt, daß das Ereignis, das der vierundzwanzigjährige Sartre dargestellt hat, mehr eine Sache des Sounds und der Aura war: jemand, der das Denken und Schreiben vehement als eine Gründungsmacht in der Welt und für das eigene Leben anging: genau der, den Simone suchte. Was sie verstand, als sie ihn entdeckte. Und von ihm entdeckt wurde.

Sartre oder:
Verrat als Lebenskunst

Noch eine andere Szene spielt im Jardin du Luxembourg, nicht direkt am Medicibrunnen, aber kaum hundert Meter davon entfernt, ebenfalls an einem Wasser, am Rande des großen Bassins vor dem Senatsgebäude. Der kleine Jean-Paul Sartre träumt immer wieder davon: «Es galt, ein kleines blondes Mädchen vor unbekannter Gefahr zu schützen; das Kind glich der vor einem Jahr verstorbenen Vévé. Ruhig und vertrauensvoll schaute die Kleine mit ihren ernsten Augen zu mir auf; oft hielt sie einen Reifen in der Hand. Ich selbst hatte Angst; ich fürchtete, sie den unsichtbaren Mächten preisgeben zu müssen. Und wie liebte ich sie gleichzeitig, mit welcher trostlosen Liebe.» Und Jean-Paul verfällt auf eine verblüffende Rettungsidee: «Im Alter von acht Jahren, als ich schon bereit war zur Resignation, bäumte sich in mir etwas heftig auf. Um das kleine tote Mädchen zu retten, stürzte ich mich in ein einfaches und wahnsinniges Unternehmen, das den Lauf meines Lebens veränderte: ich übertrug die geheiligten Kräfte des Helden auf den Schriftsteller.» Die Idee der Literatur bei Jean-Paul Sartre entsteht offenbar aus dem Geist der Verführung. Er rettet sich, indem er das Mädchen rettet, und die Rettung – wir ahnen es – führt ins Bett, noch bevor sie unsterbliche Liebe geworden ist.

Wer schreibt, rettet und verführt. Diese rätselhafte Kette der Kräfte hat Sartre in seiner Kindheit geschlagen. In der 1963 erschienenen Autobiographie *Die Wörter* zeichnet er fast schmerzhaft luzide Bilder seiner «Genese» – dazu gehört auch der Traum vom Mädchen am Bassin. *Die Wörter* erzählt die Geschichte vom kleinen Jean-Paul, der «die Wirklichkeit zuerst an ihrer lachenden Substanzlosigkeit» erkennt, «da ich mich nicht an ihren Ecken zu stoßen hatte». Eine entscheidende Ecke ist vorher abgebrochen: der Vater. Kurz nach Jean-Pauls Geburt im Juni 1905 segnete er das Zeitliche, und sein Sohn wächst ohne Über-Ich heran: «Sterben allein genügt nicht; man muß rechtzeitig sterben. Wäre er später gestorben, ich hätte mich schuldig gefühlt (...). Ich hingegen war begeistert: mein kläglicher Zustand nötigte Achtung ab, begründete meine Wichtigkeit; die Trauer, die mich umgab, wurde meinen Tugenden zugerechnet. (...) Dieser Vater ist nicht einmal ein Schatten, nicht einmal ein Blick: wir beide haben eine Zeitlang die gleiche Erde bewohnt, das ist alles.»

«Von Ongefähr – das ist der älteste Adel der Menschheit», schrieb Friedrich Nietzsche. Und auch der kleine Jean-Paul entdeckt in der Abkunftslosigkeit seine Würde. «Man hat mich verstehen lassen, daß ich weit eher ein Kind des Wunders als der Sohn eines Toten sei. Zweifellos kommt daher meine unglaubliche Leichtfertigkeit. Ich bin kein Chef und begehre auch nicht, einer zu werden. Befehlen, gehorchen, das macht für mich keinen Unterschied. Der Autoritärste befiehlt im Namen eines anderen, eines geheiligten Parasiten – seines Vaters –, er überträgt die abstrakten Gewalttaten weiter, die er erlitten hat.» Übrig bleibt ein einsamer Prinz – «allein zwischen einem Greis und zwei Frauen»: die Großeltern mütterlicherseits und seine Mutter – große Schwester, Freundin und zugleich heimlich Geliebte.

Aus der matten Güte des Alters heraus erwählt der Großvater das vaterlose Kind zu seinem Nachfolger. Er muß sich nur noch qualifizieren. Charles Schweitzer, Onkel übrigens des berühmten Menschenfreundes Albert Schweitzer, stattet seinen Enkel mit einer Zukunft aus: seinen Erwartungen. Und er gibt ihm die Schlüssel zu wichtigen Proberäumen: dem Familientheater und der Bibliothek. «Da ich niemandes Sohn war, wurde ich meine eigene Ursache.» Immerhin wurde seine Produktion erwartet: sein Auftritt als gefälliger

Enkel, der als Schauspieler sein Publikum in Atem hält – mittels kalkuliert artiger Kinder-Originalität.

Die Welt der Bücher, die den Geruch von Charles Schweitzer verströmen – und umgekehrt –, die Welt der Bücher übernimmt einen bedeutenden Part. In sie vertieft, deutet sich der künftige Gelehrte an, die Inkarnation des kommenden Charles Schweitzer II. Darüber hinaus bedeuten sie noch eine Offenbarung eigener Art: Bücher lügen, um eine ungeheure Verdichtung zu schaffen. Sie ordnen die Welt im Rhythmus der Erzählung. Sie zeigen die Welt, wie sie in konventionell besprochener Wirklichkeit nie erscheint. Kurz, sie stellen für den kleinen Sartre die wahrere Wirklichkeit her. Statt die Dinge im toten Spiegel eines Wortes wiederzugeben, kann man sie im Glanze einer Bedeutung besitzen: «Ich hatte meine Religion gefunden: nichts erschien mir wichtiger als ein Buch, die Bibliothek sah ich als Tempel (...). Das Universum breitete sich zu meinen Füßen aus, und jedes Ding begehrte demütig seinen Namen. Ihm den Namen zu geben bedeutete gleichzeitig Schöpfung und Besitznahme. Ohne diese Grundillusion hätte ich niemals geschrieben.»

Warum «Illusion»? Schließlich «haben» wir die Welt nur durch Wörter, notfalls: durch Gesang. Die Bucht da vor meinen Augen sagt nichts. Ihre Schönheit erscheint nur durch meine Wörter. Schönheit ist eine verbal organisierte Bedeutung. Auch wenn mich die Naturschönheit zu überwältigen scheint, ist sie noch lange nicht stumm, nicht jenseits der Sprache, nicht unschuldig unmittelbar. Morgen erscheint jene selbe Bucht mir leer und bietet so das Bild der bedrohlichen Gleichgültigkeit der Natur. Ein anderes Netz der Worte fischt dann in ihr herum. Nein, die Illusion, von der Sartre da spricht, besteht darin, daß ihm die Wonne der Namengebung als Auftrag erscheint, zur *einsamen* Mission wird, zum aberwitzigen Größenwahn der Weltrettung.

In *Die Wörter* findet sich noch eine bezeichnende andere

Allein auf der Straße: Jean-Paul Sartre 1929. «Ich wollte mit aller Macht ein großer Mann werden, um meine Jugend als die Jugend eines großen Mannes erleben zu können. Und ich war sehr bewußt der junge Sartre, so wie man vom jungen Berlioz oder vom jungen Goethe spricht.»

Verführungsszene. Diesmal trifft es den Schaffner im Zug nach Dijon, in den der kleine Jean-Paul ohne Fahrkarte eingestiegen ist: «Weit davon entfernt, die Autorität des Schaffners zu bezweifeln, beteuerte ich laut meine Achtung vor seinen Aufgaben und unterwarf mich von vorneherein seiner Entscheidung. In diesem äußersten Augenblick der Erniedrigung blieb mir nur noch der Ausweg: ich gab also das Geheimnis preis, daß wichtige und geheime Gründe mich zwängen, nach Dijon zu reisen, im Interesse Frankreichs und vielleicht der Menschheit. Und wenn man die Dinge in diesem Sinne betrachtete, gäbe es vielleicht im ganzen Zug keinen einzigen Menschen, der so sehr zum Mitfahren berechtigt sei wie ich.» Kein Traum diesmal, sondern ein Bühnenstück – Verfasser: Jean-Paul Sartre, Menschheitsretter. Leider aber auch unglücklicher Doppelagent, denn «die Gestalt des Organisators [dieses Stücks] hatte nur einen einzigen Wunsch: sich selbst zu täuschen, und wäre es nur für eine einzige Minute, um zu vergessen, daß sie selbst alles inszeniert hatte». So ist das Leid aller Verräter: Sie schauen sich ins eigene Spiel, zinken die Karten. Hinter ihren Siegen lauert klamme Einsamkeit: «Das Familientheater berührte mich nur an der Oberfläche, in der Tiefe blieb alles kalt und ohne Rechtfertigung.» Es «leistete mir gute Dienste: man nannte mich ein Geschenk des Himmels, aber nur aus Spaß, und das wußte ich genau». Und nur solange die Schau dauert und das Publikum zufriedenstellte.

In den Kriegstagebüchern von 1939/40 reitet Sartre wüste Attacken gegen sein Doppelagententum. Doch diesmal geht es nicht um das Kind, sondern um den Vierunddreißigjährigen: «Bei allem, was ich fühle, weiß ich, noch bevor ich es fühle, daß ich es fühle. Und dann fühle ich es nur noch halb, vollauf damit beschäftigt, es zu definieren und zu denken. Meine größten Leidenschaften sind nichts als Nervenregungen. In der übrigen Zeit fühle ich es hastig, und dann lege ich es in Wörtern dar, ich drücke ein bißchen hier, übertreibe ein bißchen dort, und schon ist ein vorbildliches Gefühl konstruiert, das sich in einem gebundenen Buch unterbringen läßt.» Und so (re)konstruiert er auch die anderen Menschen. «Ich bin ein Anzeiger, das ist meine Rolle. Mir scheint, daß ich mich in diesem Augenblick in meiner wesentlichsten Struktur erfasse, in jener Art schmerzlicher Gier, mich fühlen, mich leiden zu sehen, nicht um mich selbst zu erkennen, sondern um alle ‹Naturen› zu erkennen, das Leid, den Genuß, das In-der-Welt-Sein. Das bin wirklich *ich*, diese ständige, reflexive Aufspaltung, diese lüsterne Hast, aus mir selbst Nutzen zu ziehen, dieser Blick. Ich weiß es – und oft bin ich es leid. (…) Ich bin nur Hochmut und Hellsicht.» Einige Monate später heißt es wiederum in den Kriegstagebüchern: «Ich bin mit nichts solidarisch, nicht einmal mit mir selbst; ich brauche niemanden und nichts. (…) Ich habe keinerlei Sympathie für diese Persönlichkeit und will mich ändern.» Was schwebt ihm vor? «Man muß aus Lehm sein, und ich bin aus Wind.»

Ist es ihm gelungen? Nein. Er kehrt die Forderung um: Die Kunst besteht darin, aus Wind zu sein. *Das Sein und das Nichts* ist ein langer wütender Abgesang auf das «Sein», auf die «Identität» des Menschen, auf seine Heimatphantasien. Allerdings erledigen sich die Probleme deshalb noch lange nicht im lockeren Beliebigkeitspalaver oder tragischen Achselzucken. Das Leben in der Schwebe kostet alle Kraft der Genauigkeit und bietet keinerlei Anlaß für die gefällig totalitären Hoffnungen der Postmodernen, daß wir doch jetzt getrost den Menschen vergessen können. Im Gegenteil: Die Zumutung besteht darin, ihn zu erfinden.

In *Die Wörter* zersetzt Sartre seine alten Gläubigkeiten in der Säure der Ironie. Es steigen heitere Dämpfe der Zersetzung auf. Der Verrat wird Programm: «Mit zehn Jahren kannte ich noch nicht meine Manien und Denkangewohnheiten, und der Zweifel hatte mich nicht gestreift. Ich trottete dahin, schwatzte drauflos, war fasziniert von den Schauspielen auf der Straße, ich häutete mich unablässig und stülpte die abgestreiften Hüllen einfach übereinander. Wenn ich die rue Soufflot hinanstieg, spürte ich bei jedem Schritt, an der Art, wie sich mein Abbild plötzlich in den Schaufenstern spiegelte und beim Weitergehen verschwand, die Bewegung meines Lebens, das Gesetz meines Lebens und den schönen Auftrag: allem untreu zu sein. Ich trug mich ganz und gar mit mir herum.» Es scheint, er hat Frieden geschlossen mit dem Wind, mit sich, mit der Eile, mit der Unbewohnbarkeit. «Ich wurde ein Verräter und bin es geblieben. (...) Da ich mich nicht genug liebte, floh ich nach vorn. Das Ergebnis: Ich liebte mich noch weniger (...). Gestern habe ich übel gehandelt, denn das war gestern, und ich ahne heute bereits das strenge Urteil, das ich morgen über mich fällen werde. Vor allem keine Intimitäten: ich halte mir meine Vergangenheit respektvoll vom Leibe. Die Jugendzeit, das Mannesalter, sogar das eben abgelaufene Jahr, sie alle sind stets Ancien régime: das neue Regime kündigt sich im gegenwärtigen Augenblick bereits an, wird aber niemals eingesetzt: morgen wird gratis rasiert.»

Warum eigentlich nicht? Menschen sind Wesen, die weder ganz in den Gesetzen der Geschichte, der Natur, der Ökonomie oder anderer Systeme aufgehen, noch haben sie – wenn sie auf die Tricks der Innerlichkeit verzichten – ein notwendiges Ich, eine Ego-Substanz. Im Grunde sind wir alle wie Sartre: Wir beobachten uns dabei, wie wir mit den Kräften und den Bedingungen kämpfen, auf ihnen gleiten oder ihnen entgleiten. Allein, welcher unwiderstehliche Sinn lenkt uns dabei, stiftet die Richtung, organisiert die Energien? Sartre berichtet in *Die Wörter* davon, wie er in seiner Kindheit den Glauben an eine abenteuerliche und segensreiche Mission in sich errichtet hat. Am Ende dieser Abrechnung mit sich und seinem Wahn will er uns dann allerdings glauben machen, heute hätte er dem Schaffner im Zug nach Dijon gar nichts mehr zu sagen, obwohl der sich mit den windigsten Lügen zufriedengäbe. Die Kraft der Missionsphantasie habe sich inzwischen erschöpft. Blanker Unsinn! Schließlich erzählt er uns die ganze Geschichte ja in allerfeinster und engagiertester Prosa (die kunstvoll eine Paradoxie vollzieht: auf dem Höhepunkt seiner Kunst die Kunst zu erschlagen). Außerdem hat er 1963 eine Fahrkarte 1. Klasse: als SARTRE. Der Glaube der anderen, von dem er als Kind nur phantasiert hat, ist jetzt wirklich in ihn eingedrungen. Damit stellt sich das Problem neu: Jetzt gilt es, dem Versprechen der Mission zu entsprechen. *Die Wörter* ist der Versuch, diese Erwartungen zu relativieren – für ein Publikum, das – gewiß auch wegen Sartre und Simone de Beauvoir – mit einem Male wieder alles vom Intellektuellen erhofft. Und der Intellektuelle antwortet windig: Vorsicht!, alles nur Schrift und Traum, Menetekel. Ein anderes Mittel, diesen Erwartungen zu entsprechen, wird der röhrchenweise Gebrauch von Amphetaminen sein, mit denen Sartre eine «totale Übereinstimmung mit mir selbst» chemisch herbeiputschte, um so den Fluch der Unsolidarität mit sich selbst zu bannen und alles in Energie für die Mission zu verwandeln. Er wird nie aufhören, leidenschaftlich zu schreiben.

Entweder wir gehorchen den vermeintlichen Imperativen der Welt, wir errichten psychische Zwänge in uns, oder wir drehen uns spielerisch um Opazitäten, mit denen wir uns den geheimen Sinn unserer Operationen stiften. Allein, wie kann man sich selbst *als Organisator* seiner Auftritte ein wenig in Vergessenheit bringen? Dem kleinen Jean-Paul war es gelungen, sich mit einer prachtvollen Aufgabe auszustatten: Er würde die Menschheit mit dem Schwert seiner Feder retten. Ewiger Ruhm war ihm gewiß – vielleicht ertönten die Fanfaren der Glorie erst spät, um so besser: als einem zu Lebzeiten Verkannten würde der Nachruhm nur dauerhafter ausfallen. Kurz, in dem Achtjährigen haben wir es mit einem gemachten Mann zu tun. Er hat nur noch zu machen. Wo ist die Menschheit, der es alles zu offenbaren gilt? Und was um Gottes willen hatte er ihr eigentlich zu verkünden?

Wandeln wir noch einmal den Traumpfad zurück in den Jardin du Luxembourg, wo Jean-Paul dem kleinen Mädchen, das er unbedingt retten will, gegenübersitzt. Überraschenderweise greift er nicht zum Degen, sondern zur Feder. Und es heißt da auch: «Ich liebe sie immer noch; ich habe sie gesucht, verloren, wiedergefunden, in meinen Armen gehalten, abermals verloren: sie war das Heldenlied.» Tatsächlich kommt er viele Jahre nach diesem Kindertraum und viele Jahre, nachdem er ihm in seiner Autobiographie einen so gewichtigen Platz eingeräumt hat, auf die Szene am Bassin zurück. 1974 erzählt er Simone de Beauvoir eine spätere Version der Geschichte. Anscheinend haben beide vergessen, daß sie als Kindervision bereits in *Die Wörter* vorkommt: «Ich habe einige Träume gehabt, Liebesträume, die mir eine Art Modell geliefert haben: das war eine Blondine, und manchmal habe ich in meinem Leben eine getroffen, die ihr ähnelte. (...) Sie war angezogen wie ein kleines Mädchen, ich war etwas älter als sie, und wir spielten am Wasserbecken des Jardin du Luxembourg mit dem Reifen. (...) Diese Kinderlieben stellten die Liebe dar. Nur hatte ich nackte Beine, und sie war angezogen wie ein kleines Mädchen, aber das stellte Ereignisse in meinem damaligen Leben dar, als ich zwanzig war. Verstehen Sie? Ich träumte mit zwanzig in einer symbolischen Form von einem Reifenspiel mit einem kleinen Mädchen.» Castor wird verstehen. Denn nur vier Jahre nach diesen Träumen sitzt er ein paar Meter vom Traumort entfernt und rettet eine reizende Einundzwanzigjährige, die noch nie einen Mann geküßt hat und die an einem Wendepunkt ihres Lebens angekommen ist. Da wird er zur Offenbarung einer der aufregendsten Frauen ihrer Zeit – und auch diese beiden spielen mit Reifen und Stöckchen. Er offenbart ihr, daß alles neu zu denken und alles neu zu tun sei. So kommt es, und so können Träume in Erfüllung gehen. Ich behaupte: Die Sequenz der über lange Zeit hinweg wiederholten und variierten Traumbilder bis zu ihrer Realisierung im Juli 1929 enthält den Schlüssel zu Sartres Schreibweise: Es ist der endlose Sermon des Verführers.

Einer redet, eine hört zu, dazwischen entsteht ihre Welt. «Solange ich redete, durfte ich sicher sein, nicht aussteigen zu müssen», wußte schon der kleine Jean-Paul, als er den Schaffner im Zug nach Dijon zuschwadronierte. Solange er redet, lösen sich die separaten und beliebigen Realitäten auf und geraten in den Strudel der Erzählung, die alles klärt und alles rechtfertigt. Die Wirkung der Verführung ist kontrollierbar. Wenn er im Parlando verzaubert, spürt er die Hingabe, und die Hingabe öffnet am Ende ihr Fleisch. Wenn die Rede stimmt, öffnet sie betretbare neue Wirklichkeit. Der Beweis? Sein Werk.

Es reicht, Alexandre Kojève zu zitieren, einen akademischen Philosophen und Zeitgenossen Sartres. Er nannte Sartres Denken eine «Pfadfinderphilosophie». Dieser von der Höhe eines Lehrstuhls abgeschossene Pfeil wollte gewiß einen freien Kopf erlegen, statt dessen legte er eine aufschlußreiche Spur. Der Pfadfinder steckt mitten im Wald und muß sich mit den Mitteln orientieren, die gerade da sind, und manche muß er erst basteln. Man könnte sagen, in der ersten Zeit seines Schaffens, als er *Der Ekel* (der Roman erschien 1938, beschäftigte ihn aber fast die ganzen dreißiger Jahre) und *Das Sein und das Nichts* (1943) schreibt, will Sartre sich und den Leser erst einmal in den dunklen Wald führen. Im Roman wie in der philosophischen Abhandlung spürt er derselben Erfahrung nach: Der Mensch kann weder ein stabiles Sein noch ein stabiles Denken in der Welt begründen. Er ist frei, das heißt ungerechtfertigt, überzählig und dazu verdammt, sich zu erfinden. Aber jede Erfindung seiner selbst und der Welt verweist wieder auf ihren Urheber: ungerechtfertigt bis ins Mark. Am Ende von *Der Ekel* weist eine Melodie den Weg, am Ende von *Das Sein und das Nichts* steht ein heiteres antihumanistisches Pathos der Vergeblichkeit: das Pfeifen im Wald.

In den Dünen: Litauen, «Ich wurde ein Verräter und bin es geblieben. Es nützt nichts, daß ich mich mit Kopf und Kragen in meine Unternehmungen stürze, ohne Vorbehalt an die Arbeit verliere, an den Zorn, an die Freundschaft: einen Augenblick später werde ich mich verleugnen, ich weiß es, ich will es, und mitten in der Leidenschaft verrate ich mich schon durch eine heitere Ahnung meiner künftigen Verräterei.»

Natürlich sind auch diese Bücher in der Sprache der Verführung geschrieben. Das muß so sein. «Es gibt keine Deduktion, es gibt nur Intuition», heißt es in *Das Sein und das Nichts*. Das heißt indirekt: Alle Verständigung ist Verführung. Die Intuition kann sich nirgends in den akademischen Archiven vertauen. Im Gegenteil: sie sucht Auswege aus dem staubigen Gemurmel, indem sie auf die Verführungskunst der Erzählung setzt.

Die zweite Periode seines Schaffens wird nach dem Krieg geradezu mit einer Theorie der Verführung eröffnet: In *Was ist Literatur?* (1947) definiert Sartre Lesen und Schreiben als Akte gelenkten und lenkenden Schaffens durch Enthüllung. Was ist das anderes als Verführung durch literarische Kommunikation? Verführen in diesem Sinne heißt: ein sinnliches Milieu des Sprechens zu schaffen. Und wir wissen aus zahlreichen Quellen, daß Sartre ein Meister der sprechenden Sinnlichkeit war – zumal im Gespräch mit Frauen; Männer, mit denen man über Politik zu diskutieren hatte, floh er wo immer möglich. «Mir scheint, zwei Stunden am Tag mit einem Mann zusammen zu sein und ohne ihn am nächsten Tag wiederzusehen, das reicht völlig.»

Andererseits wissen wir aus einigen Bemerkungen, daß er kein Meister des sinnlichen Fleisches war. Entsinnen wir uns der Beschreibung von Bianca Bienenfeld. Ohne ins Detail zu gehen, findet sie eine knappe Bestätigung in Castors Tagebüchern: Sartre und Bost sind «nicht leidenschaftlich». Später spricht Simone de Beauvoir in einem veröffentlichten Gespräch mit Sartre über seine «sexuelle Kälte, wo Sie doch die Frauen so sehr liebten». Er selbst wiederum – aus mangelnder Solidarität mit sich wie immer ehrlich – schreibt an Castor: «Und wenn Sie mich mit der Sinnlichkeit entschuldigen, so müssen wir (…) sagen, daß ich keine habe.» Woraus er, wie wir uns erinnern, folgert, daß er ein Schweinchen ist.

Was suchte Jean-Paul Sartre also im Bett? Darüber macht er 1974 im Gespräch mit Simone de Beauvoir einige aufschlußreiche Bemerkungen: «Sexuelle Beziehungen zu Frauen, das war unumgänglich, weil die klassische Beziehung solche Beziehungen ab einem bestimmten Moment einschloß. Aber mir war das nicht so wichtig. Und eigentlich interessierte mich das nicht so sehr wie Zärtlichkeiten. Anders gesagt, ich war eher ein Frauenmasturbierer als ein Beischläfer. (...) Für mich bestand die wesentliche affektive Beziehung darin, daß ich sie küßte, streichelte, daß ich meinen Mund über einen Körper wandern ließ. Aber der Sexualakt, er existierte auch, und ich vollzog ihn, vollzog ihn sogar oft, aber mit einer gewissen Gleichgültigkeit.» Das stimmt zur Hälfte mit dem überein, was Bianca Bienenfeld berichtet. Eine lange zärtliche und aufwendige Werbungsphase, dann der sozusagen zwangsläufig vollzogene Akt. Allerdings vermissen wir in dieser Schilderung die Zärtlichkeiten, die Mundwanderungen über den Körper. Lag es daran, daß die junge, ganz unerfahrene und völlig verkrampfte Frau Sartre insgeheim angst machte? War diese gefühllose Eindringakrobatik eine sadistische Reaktion darauf, daß die monatelange verbale Verführungsarbeit ihr Fleisch noch nicht mürbe und offen gemacht hatte? Wir wissen es nicht, aber der Widerspruch taucht schließlich auch im Jahre 1974 – in dem Gespräch mit Castor – wieder auf: Sartre spricht von Hingabe an den Körper der Frau und läßt unwidersprochen Simone de Beauvoirs Verdikt über seine «sexuelle Kälte» im Raum stehen.

Vielleicht hilft eine andere Erklärung weiter: «Ich war aktiv, und es war die Aktivität, die mich bis zum eigentlichen Sexualakt brachte. Ich hatte nur mäßige Lust dazu, aber es war die Aktivität, die man in einer Paarbeziehung haben muß. (...) Aber die körperliche Stellung in der Liebe und die Aktivität, die ich dabei entfaltete, die bestimmt nicht notwendig ist, die meiner eigenen Sensibilität entsprach, einer etwas abweichenden Sensibilität, das war männliche Aktivität.» Dem Verführungsarbeiter geht es offensichtlich nicht darum, seinen Samen abzuschießen. Dieser fade Sieg kommt nur obendrein und weil es so sein muß. Womöglich hat er sogar etwas Angst vor einem Ende in Ermattung, denn seiner Aktivität geht es ja um etwas anderes: Seine Lust besteht in der besitznehmenden Beobachtung der Hingabe, die ihm im verbal vorbereiteten Körper der Frau unter der Abschlußarbeit seiner Hände und seines Mundes jetzt entgegenblüht. Er sucht nicht die Nacht der Lust in seinem Körper, sondern ihre Sichtbarkeit bei der Gespielin: die Hingabe der anderen. Auch ist es nicht der Leib, der ihm anheimfällt, sondern die in ihm inkarnierte Seele. Deshalb die geöffneten Vorhänge, das hereinströmende Licht und das Abnehmen einer schützenden Perlenkette – er will die von ihm geschaffene und modellierte Hingabe sehen. «Sie mußten mich lieben, damit diese Sensibilität etwas wurde, was mir gehörte. Wenn sie sich mir hingaben, sah ich diese Sensibilität auf ihrem Gesicht, am Gesichtsausdruck, den sie hatten, und diese Sensibilität auf ihrem Gesicht wiederzufinden, war so, als ergriffe ich Besitz von ihr.»

Sein Körper bleibt lauwarm: «Die Rolle der Frau war die affektive Rolle. Das ist etwas sehr Klassisches. (…) Das hieß nicht, daß die Frau nicht fähig war, den Verstand genausogut zu gebrauchen wie ein Mann, daß eine Frau nicht Ingenieur oder Philosoph werden konnte. Das hieß bloß, daß sie affektive, manchmal sexuelle Werte hatte. Es war diese Einheit, die mich anzog, weil ich meinte, eine Beziehung mit so einer Frau zu haben, bedeutet, teilweise Besitz von ihrer Affektivität zu ergreifen. Zu versuchen, sie für mich fühlen, empfinden zu lassen, hieß, diese Affektivität zu bekommen, und ich verschaffte sie mir, diese Affektivität.» Da finden wir sie also wieder: die Inbesitznahme durch Schöpfung, Sartres intimste Phantasie des Schreibens, kurz, die Verführung. Und er war ein Meister der Verführung – lange bevor er berühmt war. Dolorès Vanetti, mit der ihn von 1945 bis 1950 eine lange und gefährlich intensive Liebesbeziehung verband, schildert, wie Sartre sich in den Besitz der weiblichen Affektivität brachte: «Das Einzigartige an ihm, wenn er verliebt war und einen verführen wollte, war, daß er grenzenlos erzählte, einen befragte und wie ein Panzer in einen eindrang, wie ein richtiger Panzer ...»

In der Frau verführt er das konkreteste, tiefste und am meisten opake Publikum. Er steigt als Philosoph ins Bett, als Romancier und Essayist mit Sangeskraft. Man kann sich ihn nur schwerlich im Bordell vorstellen, ohne die Zeremonien des Modellierens. Wenn der kleine, häßliche Mann es schafft, dank der Kraft seiner Worte die Körperseele einer Frau auf das Spiel seiner Finger und seines Mundes vorzubereiten, wenn es ihm gelingt, die weibliche Schönheit – und immer sind es hübsche bis bildschöne Frauen –, dieses (fast) vollkommen *Geschaffene*, neu zu schaffen und in glückliche Hingabe zu verwandeln, dann ist in gewisser Weise der allerkonkreteste Beweis erbracht, daß er die Mission seiner Kindheitsvision zu erfüllen vermag. Was immer jenes unsichtbare Publikum da draußen von ihm verstehen mochte – und Sartre verachtete sein reales Publikum zum Teil offen, man muß nur *Was ist Literatur?* lesen –, solange er Wörter in blühendes Fleisch verwandeln kann, ist die Partie gewonnen.

In seinen Bekenntnissen über die Aneignung der weiblichen Affektivität steckt allerdings noch ein anderer, ein magischer Sinn. Man kann die Welt weder erkennen noch verstehen, man kann sie nur mittels eines enthüllenden Erfindens in die Reichweite des Menschen bringen und dadurch zugleich ihn – den Menschen – erfinden. Sartres tiefer Antirationalismus, seine Feindschaft gegen alle allzu logischen Gerüste des Denkens, seine Liebe zum Konkreten setzen eine Art affektive Erdung voraus. Man erlebt die Schönheit einer Blume nicht als klassifizierender Biologe, man versteht nicht, was in einer Gesellschaft passiert, wenn man keinen Sinn für die stummen Traurigkeiten ihrer Bewohner hat. Die weibliche Affektivität – glücklicher Betriebsunfall

Allein auf einer Bank im Gericht.

der Männerherrschaft – anzapfen heißt, dem unendlichen Geflüster der Dinge näherkommen.

Ich bin fast sicher: Die wahren und raffinierteren Orgasmen erlebt Sartre als Jäger, während ihm das Katapultieren der Samenfäden wie der dumpfe, aber zwangsläufige Abschluß eines langen, glücklichen Unternehmens erscheinen muß. Wenn er die Welt im Zeichen der Schrift in Besitz nimmt, fühlt er sich einsam. Die Wirklichkeit leistet ihm wenig oder nur abstrakten Widerstand. Hier bleibt er der «Anzeiger, der das gelobte Land» nicht betreten kann (außer er bringt sich mit Amphetaminen außer Atem). Ganz anders, wenn er sich kommunikativ in seine konkrete weibliche Beute vertieft, wenn er in die flüchtige Dichte eines fremden sinnlichen Bewußtseinskörpers eintaucht, dann erlebt er *seine* Art von Leidenschaft. Körper und Geist funktionieren im Gleichschritt, wenn er den Geruch und Sinn seiner Mission wittert: «Da war plötzlich etwas, an dem ich über alles hing. Das war nicht Wanda, verstehen Sie mich recht, ich habe keine Leidenschaft für Wanda, Sie kennen meine Gefühle genau. Aber es war: diese drei Tage nicht zu verderben, die trotzdem sehr wichtig für mich waren (was sie verdarb, waren meine Lügen), sie in ihrer Erinnerung nicht kaputtgehen zu lassen, den zärtlichen Ton wiederzufinden, den sie nach drei Jahren endlich hatte, in ihren Augen nicht zu verlieren. Verstehen Sie, daß man daran ein paar Stunden lang mehr als an allem in der Welt hängen kann, ohne eine Leidenschaft für diese Frau zu haben?» Das schreibt er an Castor Ende Februar 1940, um ihr sein Schwanken zu erklären: sein Schwanken zwischen Simone de Beauvoir, der Liebesgefährtin als Koproduzentin des gemeinsamen Lebens, und Wanda, der Liebesgefährtin des sinnlichen Verrats an Ordnung und Sinn, die die Ordnung der Verführung stiftet.

Es war ein geschickter Schachzug vom achtjährigen Jean-Paul, das Heil des Schreibens mit der Rettung kleiner

Mädchen zu verbinden. Hat er es übrigens retten können, das kleine blonde Mädchen, das «der vor einem Jahr verstorbenen Vévé» glich? Natürlich nicht. Wir müssen nur weiterlesen: «Um das kleine tote Mädchen zu retten», stürzte er sich in das aberwitzige Unternehmen zu schreiben. Es war also schon tot, als er die Feder zu schwingen begann, und jeder noch so kühne Einfall mußte zu spät kommen. In der ganzen Mission steckt anscheinend ein gravierender Regiefehler. Oder auch nicht. Denn andererseits saß das Mädchen ihm ja gegenüber, und es «glich» nur der vor einem Jahr verstorbenen Vévé. Außerdem – weiß man's? So wie der Schriftsteller durch sein Werk Unsterblichkeit erreicht, kann er vielleicht auch Tote wieder zum Leben erwecken. Durch ein Bild zum Beispiel. Welch ein Bild! Um kleine tote Mädchen zu retten, geben wir unser Letztes. Jede Mission braucht den Traum. Und womöglich sind die schönsten Träume jene, die noch die Ironie ihrer eingebauten Vergeblichkeit zum Rauschstoff zu machen verstehen. «Und wie liebte ich sie gleichzeitig, mit welcher trostlosen Liebe! Ich liebe sie immer noch; ich habe sie gesucht, verloren, wiedergefunden, in meinen Armen gehalten, abermals verloren: sie war das Heldenlied.»

«Ruhig und vertrauensvoll (...) schaute die Kleine mit ihren ernsten Augen zu mir auf; oft hält sie einen Reifen in der Hand», so steht es in *Die Wörter*. Es könnte auch Sartres Version von jenem philosophischen Gespräch im Juli 1929 am Medicibrunnen im Jardin du Luxembourg sein. Sartre erkennt in dem jungen, schüchternen, unerfahrenen, aber zur Liebe bereiten Aschenputtel eine kühne und faszinierende Frau. Er küßt Simone wach. Sie wird Castor, um sich zu Simone de Beauvoir zu machen. Mission erfüllt. Wann wird er das Totengesicht in dieser zum Leben erblühten Gestalt entdecken? Wann muß er wieder losreiten?

Auftakt und Pakt

War es 1927 oder 1928? Der erste Sichtkontakt ist nicht genau datiert. Simone de Beauvoir überliefert nur eine Momentaufnahme ihrer frühesten Wahrnehmung: Auf den Fluren der Sorbonne redet Sartre auf eine Kommilitonin ein, mit der er ein kurzes Verhältnis hat. Wie mit anderen Frauen auch. Soviel weiß sie bereits. Schließlich ist Sartre da schon eine Berühmtheit, eine zweifelhafte allerdings. Er gilt als das Oberhaupt einer kleinen Elite von Eliteverächtern. Dazu gehören noch Paul Nizan und René Maheu. Die meisten Studenten haben untereinander zumindest flüchtigen Kontakt. Aber diese feine Bande um Sartre ist unnahbar und tut alles, um ihren Ruf als Bürgerschreck zu erhalten. Besonders Sartre sagt man nach, er sei ein brillanter, aber gefährlicher Zyniker, der es bunt treibe und jede Menge trinke.

Es ist René Maheu, der Unscheinbarste der Gruppe, der sich 1928 Simone de Beauvoir nähert und mit ihr eine vertrauliche Freundschaft aufbaut. Sie fühlt sich dem jungen Mann sehr zugetan. Allein, er ist verheiratet – wie übrigens Paul Nizan auch. Trotzdem macht er ihr den Hof, umschwärmt sie. Sie empfindet, aber widersteht. Außerdem hat sie noch eine andere, nicht minder undeutliche Beziehung – mit ihrem Vetter Jacques. Der bemüht sich seit geraumer Zeit um sie und spielt den welterfahrenen Dandy. Aber er hält auch Distanz. Um Simone zu haben, hätte er alles geben müssen: ein flottes Nümmerchen ist ausgeschlossen.

Man muß sich klarmachen: Noch die einundzwanzigjährige Simone gerät völlig außer Fassung, als ihr der Maler Fernando Gerassi ein Aktbild zeigt, für das ihre Freundin Stépha Modell gestanden hat. Etwa zur gleichen Zeit wird sie Zeugin eines Vorfalls am Montmartre: Die Polizei verhaftet einen Zuhälter. «Ich dachte, ich würde auf das Trottoir sinken.» Der schwindelerregende Geruch barbarischen Fleisches hat sie gestreift. Und wenn sie beinahe in Ohnmacht fällt, dann, weil sie innerlich kocht. «In mir gibt es ein irgendwie monströses, immer schon gegenwärtiges Begehren nach Lärm, Kampf, Wildheit und Eintauchen vor allem», notiert sie damals in ihr Tagebuch, dem einzigen Austragungsort ihrer Leidenschaften.

Man muß diese Innenansicht mit der Fassade vergleichen, etwa auf den Fotos aus ihrer Studienzeit: eine ungelenke Musterschülerin mit Samtkrägelchen und schlechtbewohnten Röcken. Wenn sie abends alleine ausgehen will, muß sie ihre Eltern fragen. Diese den Schein wahrende Tochter brüllt in ihr Tagebuch: «Ich will das Leben, das ganze Leben. Ich fühle mich neugierig, begehrlich, begehre heißer zu brennen als jede andere, egal welche Flamme.» Simone de Beauvoir steht ganz kurz vor einer abenteuerlichen Entdeckung: «Ich hatte genug davon, reiner Geist zu sein. Nicht, daß das Begehren mich quälte wie kurz vor meiner Pubertät. Aber ich ahnte, daß die Gewalt des Fleisches, seine Roheit, mich aus dieser ätherischen Fadheit, in die ich mich verflüchtigt hatte, retten würde.» Die Zeit ist reif, aber Simone de Beauvoir ist und bleibt zeitlebens eine Meisterin des richtigen Timings. Ruhe bewahren, Contenance, durchhalten bis zum Ausgang des Tunnels, bis zum Abschluß der *agrégation*. Dann erst kommt die Zeit der Freiheit und der Lust.

Nicht Jacques würde in den Genuß der aufgestauten Leidenschaften kommen und auch René Maheu nicht. Beide Beziehungen verwirren sie. Doppeldeutig wie sie selbst, schüren sie das Mysterium der Leidenschaft, ohne es zu öffnen. In der Beziehung zu Maheu gibt es gewiß eine unausgelebte erotische Komponente, aber auch eine innige, spielerische Freundschaftsseite. Immerhin verdankt sie einem Wortspiel Maheus einen Namenswechsel, gerade passend zum Zeitpunkt ihres großen Lebensumbruchs. Eines Tages nämlich schreibt er auf ihr Heft in Großbuchstaben BEAUVOIR=BEAVER. Englisch ausgesprochen klingt Beauvoir wie Beaver, was im Deutschen Biber heißt und im Französischen CASTOR. Und die Biber leben im Rudel und verfügen über die Gabe des Bauens, erläutert Maheu, der sie fortan Castor nennt und sie allmählich an sein Rudel heranführt: die flotten Bösewichter um Sartre. Es dauert nicht lange – die beiden haben wahrscheinlich noch kein Wort gewechselt –, da widmet Sartre ihr sein erstes Werk. Im Vorlesungssaal läßt er es ihr durch Maheu zukommen. Eine Zeichnung mit dem Titel: Leibniz im Bad mit Monaden. Simone steht im Ruf, Spezialistin für den deutschen Philosophen zu sein. Von den Badegewohnheiten dieses strengen Kopfes ist indes nichts überliefert, und so können wir uns das Gemälde ruhig als anzüglich vorstellen. Erster Versuch.

Zweiter Versuch: Sartre möchte Mademoiselle de Beauvoir offiziell kennenlernen und schlägt ein Rendezvous für den nächsten Abend vor, wohl wissend, daß René Maheu zu seiner Frau aufs Land fährt. Diesem schwant gleich Böses, und tiefdunkel orakelt er: «Ich möchte nicht, daß man an meine kostbarsten Gefühle rührt.» Castor versteht. Ohne mit der Wimper zu zucken, versetzt sie Sartre und schickt ihre Schwester mit Entschuldigungen ausstaffiert als Ersatz. Poupette erklärt hinterher, daß dieser hochgehandelte Herr Sartre furchtbar langweilig gewesen sei.

Dritter Versuch: Maheu gibt auf. Er fällt durch die schriftliche Prüfung, ist also zum Mündlichen nicht mehr zugelassen. Fluchtartig verläßt er Paris und läßt sich auch in Zukunft nur noch selten blicken. Sartre rückt umgehend nach: «Von jetzt an nehme ich mich Ihrer an», kündigt er Simone de Beauvoir unmittelbar nach Bekanntgabe der Zwischenergebnisse an. Und so ergeht von Paul Nizan und Jean-Paul Sartre bald eine förmliche Einladung an Castor, sich als ausgewiesene Leibniz-Spezialistin doch bitte an den gemeinsamen Prüfungsvorbereitungen zu beteiligen. Die sollen in Sartres Studentenbude stattfinden. Blendend vorbereitet, aber aufgeregt und erschöpft nach einer schlaflosen Nacht, betritt Simone sein verwildertes Zimmer in der Cité universitaire. Dies ist das erste Mal, daß sie wirklich aufeinandertreffen. Zuvor haben sie sich nur aus der Ferne gegrüßt. Sartre zeigt sich gleich von seiner verführerischsten Seite: unkonventionell bis in die Haarspitzen, sprühend vor Intelligenz, Humor und Großzügigkeit, äußerst charmant und keineswegs garstiger Zyniker. Nach Castors Leibniz-Vortrag gehen die Herren sogleich zum Beiprogramm über: anregende Gespräche, Diskussionen über den Prüfungsstoff. Und auch an den nächsten Tagen geht es im selben Stil weiter: Sie machen nachmittags Spaziergänge, führen die Kommilitonin auf die Kirmes oder plauschen mit ihr im Parc Montsouris. Simone ist entzückt. Sie wird von diesen grauen Eminenzen der École normale supérieure nicht nur von gleich zu gleich behandelt. Obendrein erweisen sie sich nach locker vollbrachter Arbeit auch noch als wahre Gentlemen. Vor allem Sartre, denn Nizan ist nicht immer an Bord.

Wie hat sie gewirkt, als sie Sartre, Nizan und Maheu kennenlernt? Henriette Nizan, die Ehefrau von Sartres ältestem und engstem Freund, schildert sie später so: «Ein sehr hübsches Mädchen mit hinreißenden Augen und einer entzückenden kleinen Nase. Und selbst ihre Stimme, die immer noch die gleiche ist, ziemlich eigenartig und ein bißchen brüchig, eher rauh, diese Stimme machte sie noch anziehender. Ich glaube, ich habe sie nie anders als in Schwarz gekleidet gesehen (...). Sie war eher ernsthaft, sehr intellektuell, was durch die dunkle Kleidung noch mehr hervorgehoben wurde und ihr einen ganz besonderen Reiz verlieh, dessen sie sich selbst nicht bewußt war.» Da soeben ihr Großvater de Beauvoir gestorben ist, trägt Simone zu jener Zeit tatsächlich Schwarz. Ansonsten ist ihre Garderobe kümmerlich, einfach, abgetragen, von der Mutter immer wieder umgeschneiderte Stoffe. Die de Beauvoirs müssen wirklich sehr aufs Geld achten. Andererseits wird es zeitlebens so bleiben, daß sie kaum Wert auf eine mondän gepflegte Erscheinung legt. Das ewige Haarband um ihren Kopf, das später zu ihrem Erkennungszeichen wird, hat weniger ästhetische, sondern vor allem praktische Gründe: weniger Arbeit mit der Frisur. Auch davon, daß Castor sich ihrer Reize nicht bewußt gewesen sei, hört man immer wieder.

Auf Anhieb ist sie sich hingegen der Reize Sartres bewußt: «Mir schien es jetzt so, daß alle Zeit, die ich nicht mit ihm verbrachte, verlorene Zeit war. Während der 14 Tage, die die mündliche Prüfung dauerte, verließen wir uns nur, um zu schlafen.» Was macht ihn so anziehend? Zweifellos sein intellektuelles Temperament, das sich in seinem Lebensstil zeigt: «Er dachte überhaupt nicht daran, die Existenz eines Büromenschen zu führen; er verachtete die Routine, die Hierarchien, die Karrieren, das Häusliche, die Rechte und Pflichten, den ganzen Ernst des Lebens.» Kurz, ein humorvoller und generöser Herrscher im Weltreich der Ungeborgenheit. Geschützt durch den Auftrag seiner Mission, sieht er in der Welt nur einen – seinen – aufregenden Spielplatz. Aber er verfügt noch über ein weiteres kostbares Talent: «Wir sprachen über einen Haufen Sachen, aber besonders über ein Thema, das mir speziell am Herzen lag: ich selbst. Während die anderen vorgaben, mir etwas zu erklären, vereinnahmten sie mich in ihre Welt, sie brachten mich durcheinander; im Gegensatz dazu versuchte Sartre, mich in meinem eigenen System unterzubringen. Er verstand mich im Licht meiner Werte, meiner Absichten.»

Kühle Realistin ihres Zeichens, wartet Simone natürlich bis zum Abschluß des Examens. Erst dann läßt sie den seit langem in ihr rumorenden Vulkan ausbrechen. Zum ersten Mal küßt sie einen Mann auf den Mund – und mehr; aber noch nicht alles. Als sie Anfang August nach Meyrinac in den Limousin aufbricht, um die Sommerferien mit ihrer Familie im großelterlichen Haus zu verbringen, weiß sie bereits mit der Sicherheit, mit der nur die ganz großen Herzen begabt sind, «daß er niemals mehr aus meinem Leben verschwinden würde».

Und Sartre drängt. Unangemeldet taucht er im Limousin auf, umstreicht den Landbesitz derer de Beauvoir, wird erst von einer Cousine gesichtet und dann von Castor stürmisch, aber natürlich heimlich begrüßt. Sartre wohnt in einem Gasthaus des Nachbarortes. Sie treffen sich am Rande der Wälder, auf duftenden Wiesen und satten Weiden. Und es geschieht auf den Feldern um Meyrinac …

Dort lieben sie sich und führen endlose Gespräche. Sartre hat das Mitbringen jeglicher Lektüre strikt untersagt. Doch bald tauchen am Horizont dieser Idylle Georges und Françoise de Beauvoir auf. Georges ersucht den unbekannten jungen Mann, seine heimlichen Besuche gefälligst zu unterlassen. Es gelte die ehrwürdige Familientradition – genug geschwächt durch den kürzlichen Verlust des Großvaters – ebenso zu respektieren wie die ländlich frommen Sitten. Simone gerät außer sich. Françoise wird schrill. Da erhebt sich der kleine Geliebte und spricht – natürlich auch er von Mann zu Mann – freundlich, doch sehr bestimmt: Er fühle sich der außerordentlich charmanten wie klugen Tochter äußerst verbunden. Man gedenke im übrigen die Beziehung in Paris fortzusetzen und zu festigen. Außerdem gehe es hier, am Waldesrand, natürlich um wichtige philosophische Arbeiten. Und in diesem Sinne sehe er sich leider außerstande, der Bitte des Vaters Folge zu leisten. So ungefähr lautet Sartres Hochzeitsrede, die die Schwiegereltern ein für allemal aus ihrem Leben und ihrer Liebe treibt. Damit wird Castor nun ganz offiziell seine Braut. Der Rest – die nächsten fünfzig Jahre – liegt nun in ihrer Hand. Und das Abenteuer kostbarer Gemeinsamkeiten in Zeiten eines verschärft ratlosen Individualismus kann beginnen.

Ganz Kavalier indes, macht Sartre Castor einen Heirats-

Das erste Foto der beiden, 1929. «Er gefiel mir immer besser; und das Angenehme dabei war: durch ihn gefiel ich mir selbst.» Simone de Beauvoir

antrag – für den Fall, daß sie es vorziehen sollte, das liber-
täre Projekt ihrer Liebe hinter einer bürgerlichen Fassade zu
verstecken. Ihm hätte diese Formalität nichts bedeutet, aber
der jungen Frau, die mit noch ungeübten Schritten ihrem
Milieu zu entkommen versucht, könnte sie vielleicht eine
Art Deckung verschaffen. Doch sie lehnt kategorisch ab.
Sie versteht den Antrag als großzügige Geste, besteht aber
darauf, die Bedingungen ihres Zusammenlebens frei zu
wählen. Man muß sich die außergewöhnliche Beherztheit
ihrer Haltung deutlich vor Augen führen. Das Ziel aller
Mädchen ihrer Generation ist selbstverständlich die Ehe.
Die selbständigeren Frauen suchen sich ihre Männer selbst.
Die anderen werden nach altem Brauch von ihren Eltern
verkuppelt, unter Gesichtspunkten der Schicklichkeit und
des Vermögens. So sind fast alle ihre Freundinnen bereits
verheiratet. Die anderen werden es bald sein. Auch Sartres
gleichaltrige Freunde Nizan und Maheu sind längst unter
der Haube. Die künstlerisch-intellektuelle Avantgarde jener
Zeit träumt zwar in Ateliers und Abhandlungen radikal von
der Abschaffung der Welt, zuvor allerdings pflegt man noch
schnell zu heiraten.

Woher nehmen diese beiden doch noch sehr jungen Leute
eigentlich die unglaubliche Selbstsicherheit, auf solche Gepflogenheiten umstandslos zu verzichten? Kühn bauen sie
darauf, füreinander Ereignisse bleiben zu können. Sartre ist
mit Größenwahn gegen alle Zweifel geimpft. Simone de
Beauvoir hat soeben allen und vor allem sich selbst bewiesen,
welche Grenzen die Kraft des Willens zu übersteigen vermag.
Sie haben ihre Vergangenheit überwunden: eine tote Haut zu
ihren Füßen. Sie fühlen sich keiner Herkunft verbunden. Von
Ende des Jahres 1929 an wurzeln sie ausschließlich in der Zukunft, die nur darauf wartet, von ihnen beschrieben und entdeckt zu werden: «Diese Aufgaben stellten sich uns mit einer
Entschiedenheit, die uns die Erfüllung garantierte. Ohne es
auszusprechen, schlossen wir uns dem Kantischen Optimis-

mus an: du sollst, also kannst du; (...). Demnach sind Wollen und Glauben eins. Daher unser Vertrauen in die Welt und in uns selbst. Die Gesellschaft in ihrer gegenwärtigen Form lehnten wir ab; aber dieser Ablehnung haftete nichts Sauertöpfisches an: sie enthielt einen unverwüstlichen Optimismus. Der Mensch mußte neu geschaffen werden, und diese Erfindung würde zum Teil unser Werk sein.»

Von Anfang an scheuen sie keine Komplikation: ««Bei uns beiden›, erklärte er mir unter Anwendung seines Lieblingsvokabulars, ‹handelt es sich um eine *notwendige* Liebe: es ist unerläßlich, daß wir auch die *Zufallsliebe* kennenlernen.› Wir waren von gleicher Art, und unser Bund würde so lange dauern wie wir selbst; er bot jedoch keinen Ersatz für den flüchtigen Reichtum der Begegnungen mit anderen Wesen. Warum sollten wir freiwillig auf die Skala der Überraschungen, der Enttäuschungen, der Sehnsüchte, der Freuden verzichten, die sich uns anboten?» schreibt Simone de Beauvoir im zweiten Band ihrer Memoiren *In den besten Jahren*. Mehr als dreißig Jahre später unterschlägt sie allerdings den Schock, den diese Erklärung ausgelöst haben muß. Gerade hat sie sich zum ersten Mal mit Haut und Haaren der Liebe hingegeben, da wird sie wohl kaum Interesse an zukünftigen Zufallsliebes haben, und noch weniger gerne wird sie der Möglichkeit entgegensehen, daß Sartre es mit anderen Frauen treibt. Wir kennen dessen tiefen und magischen Sinn für Verführung und ahnen, warum er sich gleich zu Anfang als der leidenschaftliche Verräter zu erkennen gibt, der er immer sein wird. Andererseits ist er drauf und dran, sein höchstes Gut zu verraten: seine Unabhängigkeit. Wer anders als Simone de Beauvoir hätte ihn dazu bringen können? Man muß vor allem Castors Mut bewundern, auf Anhieb so weit und ungesichert über alle ihr bekannten Grenzen hinauszugehen. Welche Frau wäre kühner gewesen? Sartre ist geschützt im Kokon seines glücklichen Wahns. Wer schützt sie? «Ihm vertraute ich genauso rückhaltlos, daß er mir wie einst meine Eltern, wie einst Gott, das Gefühl unbedingter Sicherheit gab.» Und es gibt einen Beweis für seine Zuverlässigkeit: Er tritt ihr einen Teil seiner so notwendigen wie schönen Unabhängigkeit ab.

Gleichzeitig schlägt Sartre aber auch vor, ihr vorbildloses Experiment zu schützen: durch den Zaun eines – fürs erste – Zweijahresvertrages. Dieser Pakt, an einem Oktoberabend des Jahres 1929 auf einer Bank vor dem Louvre ausgehandelt, soll gegen bestehende und zukünftige Unsicherheiten vorläufige Schutzräume bieten. Zunächst beschließen sie, von den Freiheiten, die sie sich «theoretisch zugestanden haben», in den nächsten zwei Jahren keinen Gebrauch zu machen. Weiter: «Wir hatten vor, uns ohne Zögern und ohne Einschränkungen der Neuartigkeit unserer Existenz hinzugeben. Wir schlossen einen weiteren Pakt: weder würden wir einander je belügen noch etwas anderes verbergen.» Dieser Vertrag besagt, daß die beiden nicht mehr und nicht weniger wollen, als die Praxis der Liebe neu zu erfinden – nicht allein durch das Abschütteln aller Ketten, sondern auch durch das Erproben neuer Spielregeln.

Der Pakt ist ein komplexes Arrangement zur Organisation von Nähen und Fernen. Zur Politik der Distanz gehört, daß Sartre sich um eine Lektorenstelle in Japan bewirbt, die im Oktober 1931 frei werden soll. Zur Politik der Nähe gehört, daß sie bis dahin – Sartre muß seinen Wehrdienst ableisten – soviel Zeit wie möglich miteinander verbringen wollen. Das paßt Castor gut. Denn sie hat ohnehin vor, erst einmal zu pausieren, sich in Paris von Nachhilfestunden und einem Lateinkurs zu ernähren, um sich ansonsten vom Gewaltmarsch der letzten Jahre zu erholen – um Leben und Lieben zu lernen.

Nach dem glühenden Spätsommer und dem bunten Frühherbst 1929 folgt also eine Kette von An- und Abreisen, von Freuden der Wiederbegegnung und der Wehmut kleiner Abschiede. Die beiden ersten Monate seiner Militärzeit wird Sartre in Saint-Cyr kaserniert. Ab Januar 1930 kommt er in die Nähe von Tours, nicht allzuweit von Paris entfernt. Nebenher unternimmt er Dutzende von Anläufen, endlich seiner Berufung etwas näher zu kommen. Es gelingt ihm nichts Nennenswertes. Aber mit ungebrochener Energie erfindet er weiter Theorien, um sie bald wieder zu verwerfen, streunt er durch sämtliche literarischen Genres und füllt damit seinen Papierkorb.

Die beiden werden – wie versprochen – zu eifrigen Liebestouristen. Wenn eben möglich, kommt Sartre am Wochenende nach Paris, wo Castor sich den weichen Lustbarkeiten der Ungebundenheit ergibt. Ausgelassen lebt sie in den Tag hinein. Sie hat ein Zimmer in der Wohnung ihrer Großmutter und wird zum ersten Mal nicht überwacht. Also: jetzt das Leben. Allein, Castor will zwar unbedingt, ist jedoch erschreckend unerfahren. «Ich war heftig, mehr leidenschaftlich als subtil, ich sündigte aus übermäßiger Gradlinigkeit, ich ging so stracks auf mein Ziel zu, daß ich es manchmal an Takt fehlen ließ.» Das Glück der Unbeschwertheit bezahlt die ehemalige katholische Musterschülerin natürlich mit dunklen Stunden der Reue, der Scham und den Ängsten der Verdammnis. Konkret: Seit sie sich mit Sartre unendlich glücklich und geborgen fühlt, geht ihrem Schnellboot in die Zukunft der Treibstoff aus. Er gibt ihr soviel Sicherheit, daß die Eroberung der Zukunft immer mehr zu einer zukünftigen Angelegenheit wird. Der Wunsch zu schreiben verdorrt unter ihrer Feder. Ihr gelingt gar nichts, und jeder neue Versuch wird zur Qual. Sie hat nichts zu sagen. Was auch? Sie genießt die Gegenwart, es fehlt ihr an nichts. Sie ist eigentlich schon im Zielgebiet ihrer Träume angekommen.

Das aber – und sie spürt es genau in durchweinten Nächten – bedroht nicht nur ihr eigenes Projekt. Es bedroht auch die Quelle ihres Glücks: das Zusammenleben mit Sartre. «Wenn ein Mann so viel Egoismus und Mittelmäßigkeit besessen hätte, mich unterwerfen zu wollen, so hätte ich ihn verurteilt, getadelt, mich von ihm abgewandt. Den Wunsch, mich zu demütigen, konnte nur der Mensch in mir erwecken, der gerade sein möglichstes tat, mich daran zu hindern.» Kurz, sie hat den «sichersten Weg zum Untergang» betreten, sie setzt «auf das Heil eines anderen» und fühlt sich als parasitäre Existenz. Sartre wird es ihr milde zu verstehen gegeben haben. Für ihn ist nichts unerträglicher als ein klebriges Glück, als die abgedankte Freiheit einer Frau, die nur Frau ihres Mannes sein will. Allein die Besinnung auf die Distanzklauseln des Vertrages kann da helfen. Allerdings zerschlagen sich Sartres Japan-Pläne im Februar 1931. Dafür wird ihm für Ende des Jahres eine Stelle als Philosophielehrer in Le Havre angeboten. Auch Castor bewirbt sich jetzt um einen Posten als Lehrerin. Das Ergebnis fällt niederschmetternd aus: Im Oktober soll sie in Marseille antreten. Zutiefst beängstigt angesichts der ersten längeren Trennung von Sartre, sieht sie aber auch die Chance, ihre Eigenständigkeit wieder zu erlernen. Sie nimmt an.

Der Vertrag scheint zumindest in mancher Hinsicht zu funktionieren. Wird er auch eingehalten? Deidre Bair – Simone de Beauvoirs feministische Gouvernante – insinuiert, Sartre habe es während seines Militärdienstes wüst getrieben und Castor mit unappetitlichen Details erschreckt. Allerdings bleibt Bair – sonst nicht unbegabt in der Politik des Verdachts – diesmal jeden noch so kleinen Beweis oder Quellenhinweis schuldig. Im Februar 1931 reist Simone de Beauvoir derweil mit Sartres engem und altem Freund Pierre Guille zehn Tage lang im Auto über Land. In ihren Memoiren beschreibt sie die Schönheiten dieser Rundfahrt durch Süd- und Mittelfrankreich. Sie scheint die Gesellschaft Guilles sehr genossen zu haben: «Und wie sonderbar, nach zehn Tagen völliger Gemeinsamkeit Guille in einem Abstand gegenüberzustehen, der mir plötzlich ungeheuer erschien!» Mit diesem rätselhaften Satz kommentiert sie in ihren Erinnerungen die Heimkehr. Dahinter verbirgt sich eine kleine Hommage an Guille und an die mit ihm auch erotisch sehr angenehm verbrachten Tage. Sie hat die dichten und – in diesem Falle – gelassenen Freuden der Neben-Liebe kennengelernt. Zwar geben die Memoiren darüber keine Auskunft, aber sie lassen uns ahnen, warum Castor vertragsbrüchig wird: Die lange unterdrückten Leidenschaften des Körpers suchen sie jetzt in aller Aufdringlichkeit heim.

Deidre Bair gegenüber stellt Simone de Beauvoir die Sache mit Guille als flüchtige Liebelei dar. Ich bin mir dessen nicht sicher. Wenn in ihren Erinnerungen von ihm die Rede ist, wird der Ton stets warm und weich. Sie vergleicht ihn zuweilen offen mit Sartre und scheint sich ihm in mancher Hinsicht sehr nahe gefühlt zu haben. Als sich Sartre 1933/34 in Berlin aufhält, sieht sie Guille um so häufiger. «Sartres Abwesenheit hatte mich noch enger mit Guille verbunden.» An anderer Stelle heißt es: «Man hatte das Gefühl, er könne alles glücklich machen, was in seine Nähe kam.» Im Sommer 1934 verbringt sie einige Tage mit ihm auf Korsika im Zelt. «Als ich abfuhr, schwirrte mir der Kopf von roten, goldenen und blauen Erinnerungen ...»

Simone de Beauvoir hat ausdrücklich erklärt, in ihren Memoiren «vieles entschlossen im Dunklen» gelassen zu haben. Zum Ende ihres Lebens hin hat sie Alice Schwarzer bekannt, daß es ein Fehler gewesen sei, sich zu bestimmten erotischen Erfahrungen nicht zu bekennen. Andererseits hat sie relativ freizügig über Sartres Affairen berichtet. So entstand ein schiefes Bild: der Draufgänger und das nachsichtige Heimchen. Aber nach allem, was wir mittlerweile wissen, kann man davon ausgehen, daß Castor den Vertrag als erste gebrochen hat. Vielleicht ein Grund, ihn zu erneuern. Noch vor der Trennung in entgegengesetzte Himmelsrichtungen schwören sie einander im Oktober 1931 «nicht ewige Treue; aber wir verschoben unsere eventuellen Seitensprünge in die fernen Dreißiger».

Zunächst also Marseille – Auftaktstation zu zahlreichen kommenden räumlichen Trennungen, ganz wie es dem französischen Zentralstaat beliebt. Im Jahr darauf folgt Rouen, das sehr viel näher an Le Havre liegt. Dort bleibt Simone de Beauvoir bis 1936. Sartre erhält im Studienjahr 1933/34 ein Stipendium für einen Forschungsaufenthalt in Berlin. Nach seiner Rückkehr unterrichtet er – wie zuvor – in Le Havre. Und während er 1936 eine Stelle in Laon, eine Zugstunde nördlich von Paris, zugewiesen bekommt, kann Castor endlich in Paris unterrichten. 1937 wird auch Sartre in die Hauptstadt versetzt, und sie leben zum ersten Mal für zwei Jahre am selben Ort. 1939–41 folgt dann die längste Trennung durch Krieg und Gefangenschaft.

So leben die beiden dahin: in grausam schäbigen Hotels, ohne Besitz; immer darauf bedacht, sich nirgends zu verwurzeln, keiner Hierarchie zu dienen, bewundert von ihren Schülern und Schülerinnen, angefeindet von Kollegen und Eltern. Sie erkunden einander immer genauer, sie durchforsten, kritisieren und lieben sich. Im Laufe der Jahre unternehmen sie etliche gemeinsame Reisen und lernen Spanien, Italien, Nordafrika, Deutschland, England und Griechenland kennen. Man hört auch von heftigen Auseinandersetzungen, die aber so gut wie nie mit Streit enden: Zusammenstöße leidenschaftlicher Temperamente in einer Beziehung, die sich von der Konfrontation alles erhofft und den Schleim der Harmonie fürchtet. Viele Gespräche drehen sich um die intellektuellen Entwürfe und um die schriftstellerischen Versuche, die sie in aller Genauigkeit analysieren und manchmal mit Schärfe diskutieren. Hier entsteht ihr legendärer lebenslanger Arbeitszusammenhang. Castor erweist sich von Anfang an als äußerst scharfsinnige, aufmerksame und kenntnisreiche Lektorin und Kritikerin von Sartres Texten. Es ist schwer zu ermessen, wieviel seine Werke ihr zu verdanken haben. Aber Sartres oft dokumentierte Hilferufe an Castor zwecks Begutachtung und Überarbeitung seiner neuesten Seiten sprechen für sich. Umgekehrt ahnt man, daß Sartre nur in Maßen mit den Tugenden eines guten und genauen Lektors gesegnet war. Sein Einfluß auf ihr Werk liegt im unermüdlichen Antreiben, in Ratschlägen zu Techniken und Themen. So stammt sogar die erste Anregung für *Das andere Geschlecht* von ihm. Vor allem zu Anfang ihrer Beziehung sind für Castor seine ständigen Ermutigungen äußerst wichtig.

Gibt es Probleme? Jede Menge – vor allem tiefschürfende, gut verborgen unter heiterem Himmel. Der Himmel ist so heiter, den beiden beamteten Kindern steht so wenig im Weg, daß sie an gravierender Schwerelosigkeit leiden. Sie kommen nicht weiter. Man darf nicht vergessen: Sie sind aufgebrochen, die Welt umzuschreiben. Doch weit und breit ist keine Zeile dieser Tragweite in Sicht. Castor muß von Sartre oft und unsanft an ihr kommendes Œuvre erinnert werden. Anfang folgt auf Anfang, es häufen sich unbrauchbare Manuskripte. Erst 1937 verfügt sie über ein Konvolut, das sie einem Verlag anzubieten wagt: *Marcel, Chantal, Lisa ...* Das Ergebnis all ihrer Versuche in den letzten sieben Jahren wird von zwei Verlagen abgelehnt.

Auch Sartre glückt zunächst wenig. Er veröffentlicht eine Reihe kleiner philosophischer Arbeiten in renommierten Fachzeitschriften. Begabt, begabt, doch Lichtjahre von seinen eigenen, maßlos unbescheidenen Ansprüchen entfernt. 1937 erscheint endlich seine Erzählung «Die Wand» in der herausragenden literarischen Zeitschrift jener Jahre, der *Nouvelle Revue Française*, und erregt umgehend beträchtliche Aufmerksamkeit. Zur gleichen Zeit erfährt er, daß auch sein Roman *Der Ekel* im nächsten Jahr erscheinen soll. Ende 1936 ist er noch abgelehnt worden, angeblich wegen eines Mißverständnisses im Verlagshaus Gallimard. Kurz, die ersten sieben Jahre ihrer Beziehung müssen diesen eiligen und etwas größenwahnsinnigen Kindern mehr und mehr wie eine tödliche Durststrecke erschienen sein.

Und sonst? «Wir irrten in einer Welt umher, deren Komplexität wir nicht gewachsen waren. Zur Orientierung verfügten wir nur über die primitivsten Hilfsmittel. (...) Wir wußten, vor welchen Irrtümern wir uns zu hüten hatten, aber nicht, was an ihre Stelle gehörte.» Im Memoirenband *In den besten Jahren* stößt man auf eine verblüffend genaue und schonungslose Selbstkritik Simone des Beauvoirs. Auf fast allen Ebenen entlarvt sie verblasene Gesten: die psychischen, die politischen, die intellektuellen, die sozialen Überheblichkeiten sowie auch die seelischen Fehlkalkulationen des Paares Castor & Sartre. Von sich selbst zeichnet sie das Portrait einer jungen Frau mit erheblichen Problemen und einem katastrophal schlichten Weltbild, demzufolge sich die Welt allein mit der wütenden Energie des Willens bewältigen läßt. Das Verhältnis zu anderen bleibt weitgehend distanziert. Alle Nähe organisiert sich in Hierarchie. Über allem schwebt die magische, aber abstrakte Schönheit der Kunst, Platzhalterin des Unsagbaren. Und ihre Glücksvision, an der sie starr festhält, besteht «vor allem in einer privilegierten Art, die Welt zu erfassen».

Die fauligen Genüsse des Beherrschtwerdens hat Simone de Beauvoir als Jugendliche unter ihrer Freundin Zaza erfahren. Ihr Verhältnis zu Sartre steht ebenfalls im Bann der Unterwerfung. «Seit ich Sartre kannte, überließ ich es ihm, mein Leben zu rechtfertigen.» Ihre ersten zehn Jahre mit Sartre kreisen um eine schlimme Ambivalenz: zerrissen zwischen Gefühlen der Geborgenheit und dem Verlangen nach Selbständigkeit. «Der Widerspruch, unter dem ich litt, war nicht sozialer, sondern moralischer, ja beinahe religiöser Natur. Ein Leben als ‹Zweitwesen›, als ‹relatives› Wesen hätte für mich geheißen, mich in meiner Eigenschaft als menschliches Geschöpf zu erniedrigen: meine ganze Vergangenheit lehnte sich gegen diese Degradierung auf.» Von außen gesehen scheinen sie die Welt im Gleichschritt zu durcheilen. Insgeheim jedoch muß Simone de Beauvoir sowohl die Prägungen der weiblichen Rolle – für die sie in ihrer hochgradigen Freiheitstrunkenheit damals kein Verständnis hat – als auch ihre Versuchungen einsam in sich niederkämpfen. In den ersten beiden Jahren ihrer Beziehung wird sie von widersprüchlichen Gefühlen gepeinigt: Glück, Lust, unkeusches Schweben und dann die regelmäßigen (Selbst-)Vertreibungen aus dem Paradies. Auch deshalb nimmt sie die Stelle im erschreckend abgelegenen Marseille an: um wieder zu lernen, alleine zu sein. Und tatsächlich gelingt es ihr, sich «in der Einsamkeit zu Hause zu fühlen»: «Es schien mir, als könne ich auf mich zählen», resümiert sie die Erfahrungen des Marseiller Exils. Die Liebe zur Stadt und der Umgebung hat es ihr leichter gemacht.

Über die folgende Zeit 1932/33 schreibt Sartre Jahre später in einem Brief an Castor: «Das war übrigens eine glückliche Zeit, mein Kleiner, Sie waren in Rouen, ich in Le Havre, ich war noch nicht in Berlin gewesen, dieses Jahr bleibt das süßeste meines Lebens.» Wir verstehen: Noch scheint ihnen die Zukunft nicht enteilt. Sie arbeiten viel und intensiv: «Nichts grenzte uns also ab, nichts legte uns fest, nichts versklavte uns. Wir allein bestimmten unsere Bindungen an die Umwelt. Unser Lebensmark war die Freiheit. Tagtäglich übten wir sie bei einer Tätigkeit, die in unserem Leben breiten Raum einnahm: beim Spiel.»

In Rouen lernt Castor ihre Kollegin Colette Audry kennen, die beider enge Freundin wird und später eine einflußreiche Intellektuelle. Ihr verdanken wir ein hübsches Portrait von Castor & Sartre: «Man darf nicht übersehen, daß sie ihn ebenso stark beeinflußte wie er sie, daß dieser Junge (denn Sartre *war* damals wirklich noch ein Junge), der eine solche analytische, destruktiv-polemische Kraft besaß, innerlich trotzdem von diesem Mädchen fasziniert war – ganz und gar von ihr bezaubert und zutiefst an sie gebunden; daß er – und ich weiß genau, daß es von ihm ausging – ihr nicht nur diesen berühmten Pakt antrug, sondern auch dafür sorgte, daß sie ihn einhielt. Ihre Beziehung war etwas vollkommen Neues, so etwas hatte ich noch nie gesehen. Ich kann nicht beschreiben, was es für ein Gefühl war, diese beiden zusammen zu erleben. Es war so intensiv, daß man manchmal ganz traurig wurde, nicht auch so etwas zu haben.»

Gegenüber Colette Audry soll Castor geäußert haben, der Pakt mit Sartre gründe «auf Wahrheit, nicht auf Leidenschaft. Und so einen Pakt zu verwirklichen ist nicht gerade das Einfachste.» Es scheint, als sondere der Gründungsvertrag allmählich seine Schattenseiten ab: die übergroße Transparenz. Anfangs mag die grenzenlose Offenheit ein erregendes und kostbares Abenteuer gewesen sein. Je länger sich die beiden aber auf gegenseitige Lesbarkeit trimmen, um so mehr verstricken sie sich in einer Symbiose des Lichts, die alle Magie schluckt. Liebe gründet nicht auf Wahrheit. Castor & Sartre haben auf Wahrheit gespielt, um die ganz normale Verlogenheit der bürgerlichen Ehe zu unterlaufen. Vielleicht auch, um sich nicht im «Unergründlichen» zu verlaufen. Doch allmählich haben sie das Geheimnis aus den Augen verloren, und mit einem Mal entdecken sie sich als Zweckgemeinschaft der Wahrheit am Abgrund der Leidenschaftslosigkeit wieder. Da sie sich aber hoffnungslos hinter einem hybriden Vokabular und abstrakten Attitüden verschanzt haben, andererseits unbedingt ein Paar bleiben wollen – genau darin drückt sich ihre Liebe aus –, verfallen sie auf den Ausweg, Leidenschaften zu erzeugen, die sie mitten in die Widerstände und Konkretionen des Realen schleudern sollen. Das wird später auch ein Kernstück von Sartres philosophischer Theorie werden: Der Mensch versteht sich nur *praktisch* – mitten in der Realität handelnd, ihr ausgeliefert und sie überschreitend. Alle Höhen des Überblickdenkens können gestrichen werden.

Castor geht zu jener Zeit zwei Wege, um sich gegen die übergroße Präsenz Sartres zu behaupten. Der eine besteht in den hartnäckigen Versuchen, ein eigenes Werk zu schaffen, was ihr erst 1941 mit dem Abschluß von *Sie kam und blieb* (veröffentlicht 1943) gelingt. Der andere Weg führt in ein erotisches Eigenleben. Da ist jene Affaire mit Pierre Guille, die im Februar 1931 beginnt und für deren Fortsetzung vieles spricht – im Gegensatz zu Simone de Beauvoirs Darstellung. Über Guilles Charme hinaus dürfte einer seiner Reize für Castor darin bestehen, daß er ein enger Freund Sartres ist. So entfernt sie sich nicht zu weit von ihm, bleibt in seinem Bannkreis und verfügt doch über eine pakt- und projektfreie Spielwiese. Ähnliches wiederholt sich später bei ihrer zweiten Liebesaffaire in den dreißiger Jahren mit dem kleinen Bost. Auch er stammt aus «der Familie», ist ein Eingeweihter, eine Sartre-Variante.

Etwas ganz anderes geschieht, als Castor ihre Schülerin Olga Kosakiewicz kennenlernt: «Ihr blasses, von dichtem blondem Haar umrahmtes Gesicht erschien mir beinahe apathisch» – anfangs, als sie noch ihre Schülerin war. Im Frühsommer 1934 legt Olga ihr Abitur ab, und mit einiger Sicherheit beginnt erst danach ein erotisches Verhältnis zwischen den beiden Frauen. In jenem Sommer verbringt Castor im übrigen auch die leuchtendbunten Tage mit Pierre Guille im Zelt auf Korsika.

Unwahrscheinlich, daß Simone de Beauvoir vorher schon lesbische Erfahrungen gesammelt hat. *In den besten Jahren* enthält zwar eine auffällig ausführliche Schilderung der Begegnung mit einer lesbischen Kollegin in Marseille, bei der sie eine Zeitlang gewohnt hat. Doch findet sie darüber wie über den Versuch ihrer (und Sartres) Freundin Camille, sie zu verführen, nur spöttisch distanzierte Worte. Weder dort noch anderswo bekennt sie sich zu ihren erotischen Beziehungen zu Frauen. In *Das andere Geschlecht* widmet sie der lesbischen Liebe ein Kapitel, definiert da aber Lesben streng als Frauen, die *ausschließlich* Frauen lieben, um Autonomie zu gewinnen. In diesem Sinne steckt sie zu diesem Zeitpunkt in einer «lesbischen Situation». Andererseits hat sie eine solche erotische Ausschließlichkeit nie in Betracht gezogen.

Zu jener Zeit spielt ein extrovertierter bisexueller Lehrerkollege in ihrem Bekanntenkreis eine große Rolle: Marc Zuorro. Er mag sie für ein spezifisches Flimmern des Homoerotischen empfänglich gemacht haben. Hinter dem gleichgeschlechtlichen Begehren verbirgt sich möglicherweise auch die Lust auf Irrealisierung, auf die Subversion festgefügter Rollen und die Erzeugung kreativer, weil unbeschriebener Räume. Auf Castor muß die Einrichtung einer kleinen überschaubaren Dunkelkammer inmitten einer geheimnislosen Welt aus Beamtentum und festgefahrenen Zukünften einen großen Reiz ausgeübt haben. Außerdem scheint Olga – als Frau – nicht ihr Verhältnis zu Sartre zu bedrohen. Schließlich bot dieses junge Mädchen ihr etwas, was Sartre gewiß nicht so fühlbar bieten konnte und durfte: «Wenn ich neue und anziehende Leute kennenlernte, knüpfte ich mit ihnen angenehme Beziehungen an, ohne daß sie mich wirklich berührten. Ein mit allen Reizen ausgestatteter Phönix hätte seinen ganzen Zauber aufbieten können und meine Gleichgültigkeit doch nicht erschüttert. Olga traf die einzig verwundbare Stelle meines Herzens: sie brauchte mich.» Das paßt wunderbar: So kann Castor ihre Scheu vor Nähe in die Paßform der Hierarchie stecken. Im Spiegel dieses unruhigen Kinds erfährt sie sich als älter, erfahrener, reifer und muß sich eben nicht mit eigenen Augen sehen. Die Kleine erwartet Rettung von ihrer Lehrerin und liebt sie dafür. Deshalb kann auch Castor sie gefahrlos lieben.

1933/34, als sie sich häufig mit Pierre Guille trifft und Olgas Bekanntschaft macht, weilt Jean-Paul Sartre in Deutschland. «Ich habe ein Jahr Ferien in Berlin gemacht, dort fand ich die Verantwortungslosigkeit der Jugend wieder, und dann wurde ich nach meiner Rückkehr wieder von Le Havre vereinnahmt, von meinem Lehrerdasein, vielleicht auf noch bitterere Weise», heißt es Ende 1939 in Sartres Kriegstagebuch. In Berlin findet er seine Jugend in Gestalt der Frau eines Studienkollegen wieder. «Sie wohnte damals in schäbigen kleinen Hotels und schloß sich manchmal wochenlang rauchend und träumend in ihrem Zimmer ein. Es war ihr völlig rätselhaft, was sie eigentlich auf dieser Erde sollte. Sie lebte in den Tag hinein, in nebelhaften Vorstellungen.» Wie Olga für Castor steht diese poetisch verwahrloste Dame für Sartre am anderen Ende seiner Optionen: Auch sie ist ein sinnlicher Ausflug in ungefährliche Obskurität, Erholung vom ausgeleuchteten eigenen Dasein. Simone de Beauvoir akzeptiert übrigens die Geschichte, zumindest schreibt sie in ihren Memoiren: «Ich lernte sie kennen; sie gefiel mir, und ich war nicht eifersüchtig auf sie. Immerhin war es, seit wir uns kannten, das erste Mal, daß eine andere Frau für Sartre zählte, und die Eifersucht ist ein Gefühl, das ich nicht unterschätze und zu dem ich sehr wohl fähig bin. Aber diese Geschichte überraschte mich nicht, sie störte die Vorstellung nicht, die ich mir von unserem Leben machte, da Sartre mir von Anfang an gesagt hatte, er werde Abstecher machen. Ich habe das Prinzip akzeptiert und akzeptierte ohne weiteres auch die Tatsache.»

Nach seiner Rückkehr aus Berlin rutscht Sartre in die Krise. In seinem Kriegstagebuch erinnert er sich fünf Jahre später daran, wie Castor und er im November 1934 in Le Havre in einem Café am Meer darüber klagten, daß ihnen nichts Neues zustoßen konnte: «Wir hatten unsere exakten Gewissensprüfungen als Intellektuelle satt, dieses tugendhafte und geordnete Leben, das wir führten, das, was wir damals das ‹Konstruierte› nannten. Denn wir hatten unsere Beziehungen auf der Grundlage totaler Aufrichtigkeit ‹konstruiert›, einer vollständigen gegenseitigen Hingabe, und wir opferten unsere Stimmungen und alles, was noch an Wirrnis in uns sein mochte, dieser permanenten und *gesteuerten* Liebe, die wir konstruiert hatten.» Aber jenseits dieses durchsichtigen Lebens sehnten sie sich nach «Unordnung, einer wirren und im Augenblick gebieterischen Zwanglosig-keit, nach einer Art Dunkelheit, die gegen unseren klaren Rationalismus abstach, einer Art, in uns selbst versunken zu sein und zu fühlen, ohne zu wissen, daß wir fühlten. (...) Wir brauchten Maßloses, da wir zu lange maßvoll gewesen waren.»

Und das Maß des Maßlosen wird Olga Kosakiewicz. Auch Sartre ist bald sehr angetan von diesem kapriziösen Ge-schöpf, das seine launische Unangepaßtheit als höhere Form von Moral hinstellt. Sie huldigt der Reinheit des unmittelba-ren Lebens – noch nicht zersetzt von den Giften des analyti-schen Denkens, den Säuren der Strategie und den Austrock-nungen übermäßiger Hirnbildung. So zumindest läßt sich Xavière portraitieren, die Hauptperson in Simone de Beau-voirs Roman *Sie kam und blieb*. Der Roman ist Olga gewid-met, und erklärtermaßen hat sie Modell für die Figur der Xavière gestanden. Die Autorin erläutert jedoch später, im Roman sei weniger die reale Olga wiedergegeben als viel-mehr jene von Castor & Sartre geschaffene mythische Figur. Wie konnte es geschehen, daß die beiden aus einem char-manten, aber unsicheren Schulmädchen eine gefährliche Diva und eine launische Göttin machten?

Sartre arbeitet seit einiger Zeit intensiv an einer Studie über das Imaginäre (der erste Teil erscheint 1936 und die umfangreichere Fortsetzung 1940). Um die Vorstellungskraft besser erfassen zu können, läßt er sich im Februar 1935 das halluzinogene Rauschgift Meskalin injizieren – mit dem schauderhaften Resultat, daß er mehrere Monate lang auf dem Trip bleibt. Er sieht sich von Hummern, Krebsen und anderem Schalengetier verfolgt – vor allem wenn er allein ist. So wechseln sich die Freunde ab, ihm Gesellschaft zu lei-sten: Zuorro, Bost, natürlich Castor und auch Olga. Simone de Beauvoir stellt es in ihren Memoiren so dar, daß Sartre sich einfach in seine attraktive Krankenschwester verliebt habe, die ihm nett und so erfolgreich geholfen habe, seinen

Wahn für ein paar Stunden zu vergessen. Womöglich habe auch Eifersucht eine Rolle gespielt. Eifersucht auf den sinnlich schillernden Zuorro, mit dem Olga sich bestens versteht und den sie oft trifft, um die Straßen von Rouen unsicher zu machen. Allein, diese Erklärungen reichen bei weitem nicht hin, Sartres wütende und destruktive Zugriffsversuche auf Olga zu erklären. Opfert Simone de Beauvoir hier den Rücksichten ihrer Memoiren die Wahrheit? Oder hat sie die Sache wirklich nie besser verstanden? Auch Sartres Hinweis auf seinen Hunger nach Maßlosem befriedigt wenig. Schließlich hätte er sich in andere Frauengeschichten stürzen können. Zudem erstickt er ja fast daran, als via Meskalin das Unkontrollierte in ihm ausbricht. Warum zerren sie gemeinsam am selben Objekt ihrer Begierde und entfernen sich dabei voneinander? Die Regeln von Nähe und Distanz, die der Pakt diktiert, scheinen sich gegen sie zu kehren.

Es ist eindeutig Sartre, der mit geradezu verzweifelter Vehemenz und Ausdauer Olga an sich binden will: «Niemand durfte Olga mehr bedeuten als er.» Nicht mit einem halben Satz streift Simone de Beauvoir doch das Naheliegendste, daß Sartre nämlich einfach rasend eifersüchtig ist auf ihre Beziehung zu Olga. Weil nicht sein kann, was nicht sein darf? Sartre, der Inbegriff der Autonomie, die Säule ihres Daseins, darf erregungshalber vielleicht auf einen Zuorro eifersüchtig sein, aber doch nicht auf Castor. Es gibt einen handfesten Hinweis auf Simone de Beauvoirs Abwehrverhalten gegenüber Sartres Schwäche: ihre Reaktion auf seinen Wahn im Gefolge des Meskalin-Experiments. Beide erklären ihn hinterher als eine Art Stolperstrecke auf dem Weg ins «Mannesalter», unterstützt durch einen gewissen Leerlauf in seinen philosophisch-literarischen Plänen. Was immer auch der Weg ins Mannesalter bedeuten mag, mit Sartres Werk steht es 1935 keineswegs besonders schlecht. Er arbeitet unablässig und hat mehrere vielversprechende Eisen im Feuer: seinen Roman, ein paar Erzählungen und einige philosophische Abhandlungen. Gewiß, der Zeitplan der Biographie eines großen Mannes ist ein bißchen ins Stocken geraten – doch kein ernsthafter Anlaß zur Besorgnis.

Könnte die Flucht in den Wahn nicht vielmehr damit zu tun haben, daß Castor sich durch die Beziehung mit Olga von ihm entfernt? Er ist von etwas ausgeschlossen, das anders funktioniert als ihre Paarbeziehung. Später wird Simone de Beauvoir ihrem amerikanischen Geliebten Nelson Algren offenbaren, daß die sexuelle Beziehung mit Sartre von Anfang an nicht besonders befriedigend für sie gewesen sei. Das weiß auch Sartre. Und jetzt sieht er ihre Haut unter Mädchenhand erblühen. Bekommt er hier nicht einfach Angst, daß die einzige und privilegierte, die gläubigste Zeugin seines Glaubens an sich, daß der bislang sichtbarste Beweis seiner Mission und seiner Verdienste, daß Castor klammheimlich ein wenig vom Glauben abfällt? Wenn die halluzinatorischen Ängste wenigstens teilweise durch seine Verlustängste motiviert sind, dann könnte das auch Castors schroffe Abwehr gegen Sartres Wahnsymptome zumindest ansatzweise erklären: «Für mich war er reines Bewußtsein und radikale Freiheit; ich weigerte mich, ihn als Spielball obskurer Umstände, als passives Objekt zu sehen; ich nahm lieber an, daß seine Schrecken, seine Irrtümer einer Art schlechtem Willen entsprangen. Seine Krise erschreckte mich nicht so sehr, wie sie mich ärgerte; ich diskutierte, räsonierte, warf ihm vor, er sei allzu bereit, an eine unheilbare Krankheit zu glauben. Ich sah darin eine Art Verrat. Er hatte nicht das Recht, sich Launen zu überlassen, die unser gemeinsames Gebäude bedrohten.» Noch 25 Jahre später kocht in Simone de Beauvoir die alte kalte Abwehr hoch.

Der arme Sartre sitzt nun wirklich in der Falle, verurteilt zu «reinem Bewußtsein und radikaler Freiheit». In diesem schönen Bild hält er sich ja auch selbst gefangen. Wenn das autonome Tier der Höhe einen Moment lang in obskuren Tiefenschichten taumelt, bricht bei Castor die Krise aus:

«Für mich rechtfertigt seine Existenz die Welt, die in seinen Augen durch nichts gerechtfertigt wurde.» Basta! Andererseits hat ihn Castor – ohne daß er es ausdrücklich so wahrgenommen hätte – auf diese Weise in den letzten Jahren gerechtfertigt. Tiefe Verstrickungen in die leere Weite der Transparenz hindern Sartre daran, seinem Unwohlsein und seinen Ängsten Ausdruck zu verleihen. Dunkel fühlt er sich schlecht geliebt. Nicht ganz zu Unrecht. Und in der Situation tun die beiden, was ihnen bislang immer geholfen hat: Sie preschen vorwärts. Sie vertiefen sich in die Welt des Trios – und kommen beinahe darin um.

Mit einigen Unterbrechungen, das heißt Beruhigungen, stecken die drei von Anfang 1935 bis Anfang 1937 «im Getriebe dieser Höllenmaschine, die wir konstruiert hatten». Und wie die Maschine arbeitet, kann man in *Sie kam und blieb* nachlesen. Castor will zwei getrennte Beziehungen: eine mit Sartre, eine mit Olga. Sartre wiederum besteht darauf, ein eigenes Verhältnis zu Olga zu haben – und zwar eines, das Castor das Wasser abgräbt. Olga, Spielball der beiden Erwachsenen, sieht ihre Chance darin, daß Sartre sie manisch verfolgt. Läßt sie ihn mal näherkommen, um ihn dann wieder wegzustoßen, und erzielt sie mit dieser Taktik höchste Resultate an Raserei, dann wertet sie das in ihrer – anfangs – streng hierarchischen Beziehung zu Castor auf. Wenn Simone de Beauvoir auf Sartres verzerrtem Gesicht das nackte und verzweifelte Begehren erkennt, dann stellt das ihre ganze Beziehung in Frage. Castor sieht mit Entsetzen, wie ihre kleine, einst so leicht verwaltbare Verehrerin Macht über ihr Leben gewinnt: «Olga zwang mich, einer Wahrheit ins Gesicht zu sehen, der ich bisher, wie schon gesagt, mit Erfolg ausgewichen war: andere existierten genauso wie ich und mit gleicher Evidenz.»

Wie entkommen die drei dieser «teuflischen, beklemmenden und manchmal wunderbaren Einsamkeit zu dritt»? Anfang Februar 1937 wird Castor mit einer schweren Lungenentzündung ins Krankenhaus eingeliefert. Zwei Jahre lang hat sie sich gegen ihre Überzeugungen im Trio verausgabt, jetzt kommt der Zusammenbruch. Und genau in diesem Moment erscheint der kleine Bost als Retter in der Not. Er verliebt sich in Olga und sie sich in ihn. Bost seinerseits flieht die Begehrlichkeiten Marc Zuorros, der sich unsterblich in den jungen hübschen Mann verliebt hat. Und so begründen Olga & Bost ihre Liebe auf der Flucht vor den hysterisch eskalierenden Nachstellungen von Erwachsenen, die keine sein wollen – jetzt aber langsam nicht mehr umhin können, welche zu werden.

Sartre schreibt später in sein Kriegstagebuch: «Auf dem Tiefpunkt war ich zur Zeit meines Wahnsinns und meiner Leidenschaft für O.: zwei Jahre lang. Von März 1935 bis März 1937. Dennoch nützten mir diese Mißgeschicke. Der Wahnsinn verschob die Grenze des Wahrscheinlichen: von diesem Moment an habe ich meinen bürgerlichen Optimismus aufgegeben und begriffen, daß mir *alles* zustoßen konnte, so gut wie einem anderen. Ich betrat eine Welt, die schwärzer war, aber weniger fade.» Castor macht in dem Moment, als sie ein Krankenwagen aus ihrem Hotel abholt, eine ähnliche Erfahrung: «Als die Krankenträger mich auf eine Bahre legten und mich kopfüber die Treppe hinuntertrugen, blieb nur noch eine ungeheuere Überraschung in mir. Vor der Tür standen Gaffer, und während man mich in den Wagen schob – wie ein Brot in den Ofen –, sagte ich mir verblüfft: Das passiert mir, mir! Wäre ich auf dem Mond aufgewacht, ich hätte nicht verwirrter sein können. Das Nächstbeste konnte mir also zustoßen wie jedem Nächstbesten. Was für ein umstürzender Gedanke!» So verdanken sie beide also den Trio-Erfahrungen den Sturz in die Realität.

Doch sie fallen weich: Sartres Stern geht allmählich auf. Möglicherweise spielt die Veröffentlichung der Erzählung «Die Wand» und die Aussicht auf das Erscheinen von *Der Ekel* eine große Rolle bei seiner Entkrampfung. Castor ist

Gruppenfoto mit Picasso 1943, mitten im Krieg: Hier steht zusammen, was bald auseinandergehen wird. Im Atelier von Picasso übt die zukünftige intellektuelle Elite vereint mit den alten surrealistischen Kämpen noch einträchtig ein Stück von Picasso ein. Von links nach rechts: – *stehend:* Jacques Lacan, Cécile («Gala») Eluard, Pierre Reverdy, Louise («Zette») Leiris, Galas Tochter, Picasso, Valentine Hugo, Simone de Beauvoir. – *Im Vordergrund:* Jean-Paul Sarte, Albert Camus, Jean Aubier, Michelle Leiris.

ebenfalls unterwegs: «Die Literatur tritt in Erscheinung, wenn irgend etwas im Leben aus den Fugen gerät. Wie Blanchot im Paradox von Aytré vorzüglich dargelegt hat, gilt als erste Voraussetzung für das Schreiben, daß die Realität aufhört, *selbstverständlich* zu sein. Nur dann ist man in der Lage, sie zu sehen und sie zu zeigen. Als die Langeweile und die Sklaverei meiner Jugend mich entließen, wurde ich untergetaucht, geblendet, betäubt; und wie hätte ich aus meinem Glück den Wunsch ableiten sollen, diesem Glück zu entrinnen?» Erst in der Bedrohung und in der Atemnot der Einsamkeit wird der Wunsch, sich durch Schreiben zu retten, konkret und unwiderstehlich: «Die unselige Erfahrung des Trios lieferte mir nicht nur ein Romanthema; sie gab mir, was viel mehr war, auch die Möglichkeit, damit fertig zu werden.» Wie also bewältigt der Roman die Geschichte?

Durch Mord. 1937 kommt Simone de Beauvoir – übrigens im Gespräch mit Sartre – auf die Idee, die Erfahrungen des Trios in einem Roman zu verarbeiten. Von Anfang an konzipiert sie das mörderische Ende: Am Schluß von *Sie kam und blieb* ermordet Françoise, die einige Ähnlichkeiten mit Castor aufweist, Xavière (die Olga im Roman vertritt). Eine reichlich überraschende Auflösung. Zusammen mit vielen Lesern teilt auch die Autorin später das Unbehagen an diesem Finale. Ein Mord löst nichts. Außerdem erscheint die Tat ziemlich unmotiviert. Um so mehr, als sie nicht einem *leidenschaftlichen* Affekt entspringt, in dem die leidige Konkurrentin liquidiert wird. Kurz, das Ende wird nicht durch die Romanhandlung motiviert, sondern ihm von den Abgründen der Autorin oktroyiert.

Das eigentliche Motiv für den Mord erklären die letzten Zeilen von *Sie kam und blieb*: «Allein. Sie hatte allein gehandelt. Allein wie der Tod. Eines Tages würde Pierre es erfahren. Aber auch er würde von ihrer Tat nur die Außenseite kennen. Niemand konnte sie verurteilen oder ihr vergeben. Ihre Tat gehörte nur ihr. ‹Ich will es.› Ihr Wille vollzog sich in diesem Augenblick, nichts trennte sie mehr von sich selbst. Sie hatte endlich gewählt. Sie hatte sich gewählt.» Ihre spätere Unzufriedenheit mit dem blutigen Finale erklärt Simone de Beauvoir unter anderem damit, daß weder die wirkliche Olga noch die romaneske Xavière genug Macht über sie gehabt hätten, sie zu dieser blutigen Entscheidungstat zu treiben. «Allein eine Person hätte über die nötige Kraft verfügt: Pierre» (= Sartre). «Und doch war es so. Mit dem Füller in der Hand durchlebte ich voll Schrecken die Erfahrung der Trennung.» Rätselhaftes Bekenntnis: welche «Trennung»?

Der Entschluß zu diesem Roman fällt erst, als das Trio schon endgültig auseinandergebrochen ist. In den Jahren 1937–39 gelingen Simone de Beauvoir nur ein paar unbefriedigende Startversuche. Erst Ende 1939 – Sartre ist an die Front befohlen – stürzt sie sich intensiv in das Erzählunternehmen. Und noch während sie die ersten Seiten schreibt, errichten die beiden ein neues, diesmal viel luftigeres Gebäude der Passionen um sich herum. *Sie kam und blieb* verarbeitet denn auch viele Erfahrungen, die Simone de Beauvoir erst nach dem Auseinanderbrechen des Trios gemacht hat – so ihre Liebesgeschichte mit Bost (im Roman: Gerbert). Und im Roman wie im Leben verheimlichen sie Olga / Xavière anfangs die Affaire. Entsprechend erstreckt sich die erzählte Zeit schließlich bis zum Beginn des Krieges. Das ist auch der Moment in ihrer Lebenszeit, wo Simone de Beauvoir sich so richtig ans Werk macht. Die Realität mag schon früher aufgehört haben, «*selbstverständlich* zu sein» – ihre Abwicklung kostet Zeit: «Alles, was ich in den letzten neun Jahren gelebt hatte, zeigte Verschleiß.»

Die romaneske Trennungsarbeit geschieht weitgehend während Sartres Abwesenheit und ist im Moment seiner Rückkehr aus der Gefangenschaft nahezu vollendet. Kurz, der Roman transponiert die lange und einsame «Erfahrung der Trennung», ihrer Loslösung von Sartre, ins Literarische.

Im seitdem hundertfach durchlebten symbolischen Mord entfernt sie sich von denen, die sie einzig hätten demütigen können: von Sartre und von der, die sie beinahe geworden wäre: «Ich gestand mir ein, daß es falsch war, einen anderen und mich selbst unter die Zweideutigkeit dieses bequemen Wortes ‹wir› zu zwingen. Es gab Erfahrungen, die sich jeder selbst er-leben mußte. (...) Ich schwindelte, wenn ich sagte: ‹Wir sind eins.› Die Harmonie zwischen zwei Individuen ist niemals gegeben, sie muß immer wieder neu erobert werden.» So resümiert Simone de Beauvoir die Erfahrungen mit dem Trio in ihrem Memoirenband *In den besten Jahren*.

Wir müssen nur den Zeitpunkt dieser Erkenntnis genauer datieren – oder wenigstens den Zeitpunkt seiner «Lebenswirksamkeit»: Nach dem Zerfall des Trios ist Castor unterwegs – «den Füller in der Hand». Wahrscheinlich bedarf es noch all jener weitgehend glücklich verlaufenden Entfernungsexperimente der Jahre 1938 bis 1940/41, ja, vielleicht auch der räumlichen Entfernung während des Krieges, bevor Castor & Sartre sich souverän auf der Höhe ihres Gründungspakts bewegen können: das Spiel der Nähe mit der Ferne wirklich beherrschen. Aus der dünnen Höhenluft der symbolischen Befreiung, aus der verschlüsselten, aber immer wieder «durchlebten (...) Erfahrung der Trennung» führt Castor am Ende die Materialität des Symbolischen: Das fertiggestellte und bald angenommene Manuskript von *Sie kam und blieb* ist der reale Gründungsakt ihrer wiedererlangten Selbständigkeit. «Dieser Roman, der in ein oder zwei Jahren Wirklichkeit sein würde, stellte meine Zukunft dar, und ich machte mich fröhlich auf den Weg.»

Im Februar 1940 – wir erinnern uns an die Turbulenzen jener Tage – beginnt Sartre, in seinem Kriegstagebuch eine Theorie der Liebe zu formulieren. Sie wird in ausgearbeiteter Form in *Das Sein und das Nichts* eingehen. Diese Theorie besagt ungefähr: «Die Harmonie zwischen zwei Individuen ist niemals gegeben.» In der Liebe kann man sich nicht niederlassen wie in etwas Erworbenem. Und so gestaltet sich die Neuerfindung der Liebe etwas mühsamer, als die beiden verwegenen Königskinder anfangs ahnten. Allein, sie haben die Schlacht nicht verloren – und schon gar nicht sich selbst. «Leben ist Brückenschlagen über Ströme, die vergehen», schreibt Gottfried Benn. Lieben auch.

«Welten innerhalb dieser Welt»

Der Beginn des unheilvollen Laufs der Dinge ist genau datiert: «Am 12. Januar flog Sartre mit einer Militärmaschine ab», schreibt Simone de Beauvoir in *Der Lauf der Dinge*. In den fünf Bänden ihrer Memoiren ist kein anderes persönliches Ereignis mit Tagesdatum präzisiert. In diesem dritten Band finden sich gleich zwei Ausnahmen von der Regel: außer jenem 12. Januar, da Sartre nach Amerika fliegt, erwähnt sie noch den 12. Dezember 1945, an dem er sich elf Monate später in Bordeaux einschifft – wiederum unterwegs nach den USA. Seine erste Reise unternahm Sartre als Mitglied einer Pressedelegation. Eine ausgewählte Gruppe von französischen Journalisten war von den Amerikanern zu einer mehrmonatigen Informationsreise kreuz und quer durch das Land eingeladen worden. Sartre kehrt im Mai 1945 zurück. Als er sich Ende des Jahres neuerlich auf den Weg in die Vereinigten Staaten begibt, betritt er das Land zwar als *die* neue europäische Zelebrität, doch es geht ihm hauptsächlich darum, jene Frau wiederzutreffen, in die er sich bei seinem ersten Aufenthalt atemlos verliebt hat: Dolorès Vanetti, über die Simone de Beauvoir später sagen wird: «Sie ist die einzige, die mir angst gemacht hat.»

«Vor meinem Büro stand eine ganze Reihe französischer Journalisten Schlange, um in das Aufnahmestudio zu kommen. Und ganz am Ende dieser Reihe stand dieser kleine Mann, der kleinste und der letzte von allen. Er stolperte über irgend etwas, seine Pfeife fiel hin, er hob sie auf, und wir haben einige Worte gewechselt. Ich weiß nicht mehr, was wir gesagt haben, jedenfalls hat er nach diesen wenigen Worten gefragt, ob wir uns treffen könnten», erzählt Dolorès Vanetti vom Beginn ihrer Bekanntschaft mit Sartre. Zu dieser Zeit arbeitet sie als Journalistin für das *Office of war information* in New York. Die hübsche Frau – noch etwas zierlicher als Sartre – ist Französin, was der kümmerlich Englisch sprechende und nur in seiner Muttersprache unwiderstehliche Philosoph zu schätzen weiß. Vor dem Krieg, als sie an einem kleinen Pariser Theater in der Rue de la Gaîté als Schauspielerin arbeitete, hat sie Sartre in der Coupole oder im Dôme schreiben sehen, aber nie kennengelernt. Das geschieht erst jetzt auf der anderen Seite des Atlantiks.

«Er war von einer ständig übersprudelnden Heiterkeit, erzählte lauter Geschichten, um einen zu amüsieren und an seinem Leben teilnehmen zu lassen, ständig überlegte er, was einem die größte Freude bereiten könnte, er scheute keine Mühe und verausgabte sich rücksichtslos», erinnert sich Dolorès. Sartre scheint es von Anfang an schwer erwischt zu haben. Bei Dolorès ist das nicht so sicher. Die Trennung von ihrem Ehemann – einem vermögenden amerikanischen Arzt – ist noch nicht ganz vollzogen. Als sie von Castors Existenz hört, gibt sie sich noch zurückhaltender. Deshalb muß Sartre Anfang 1946 erneut alles geben: «Er hatte eine Art, einen zu lieben, die absolut einzigartig war: Alles, was er besaß, setzte er ein, sein ganzes Wissen; er gab sich völlig hin, um einem zuzuhören, einen zu verstehen, zu lieben. Seine ganze Intelligenz, seine ganzen Talente bot er auf, und schließlich fühlte man sich unwiderstehlich von ihm angezogen.» So erliegt Dolorès also bald Sartres Attacken. Und damit fangen die Probleme an.

Die kleine temperamentvolle Person vergißt alle Vorbehalte, und über Sartre ergießt sich eine ungeahnte Liebeswucht. «Ihre Leidenschaftlichkeit erschrickt mich buchstäblich», schreibt er an Castor. Bereits in seinem ersten Brief aus New York, im Januar '46, schlägt er bedrohliche Töne an: «Keine besonderen Vorkommnisse. Außer daß Dolorès mich beängstigend liebt. Im übrigen ist sie absolut reizend, und

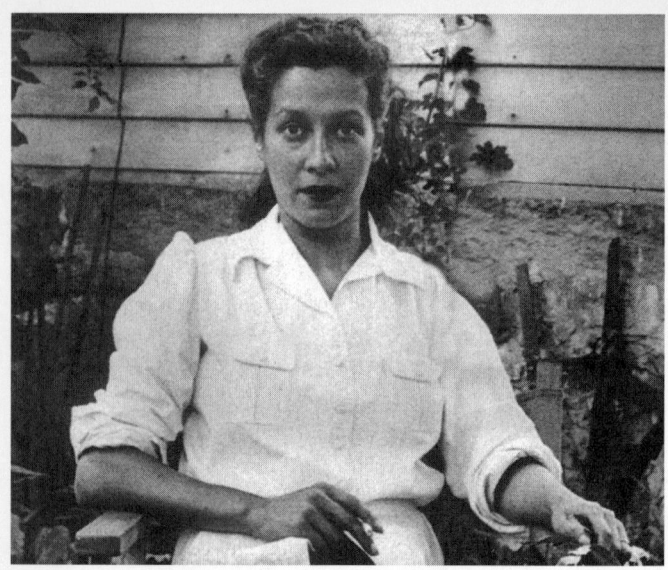

Dolorès Vanetti, Sartres große Liebe von 1945–50. Als sie aber alles oder nichts wollte, übernahm «la petite famille» Castors Aufgabe und schützte den konfliktscheuen Sartre. Zornig und tieftraurig kehrte sie 1950 nach New York zurück.

wir haben nie Krach. Aber die Zukunft von alldem ist sehr düster. Ich weiß nicht, wie ich Ihnen das schreiben soll, wenn ich ihr gegenüber (wegen der Kälte des Geschriebenen) kein Schuft sein und Ihnen trotzdem ein Gefühl für die Dinge geben will.» Zum ersten Mal durchbricht Sartre die Regel der gegenseitigen Offenheit und begründet das mit der Solidarität zu einer anderen Frau. Simone de Beauvoir wird sofort verstanden haben: Dolorès akzeptiert nicht die Rolle einer Neben-, Zweit- oder Zufallsliebe. Das Problem besteht nur darin, daß Sartre zuläßt, was er niemals zuvor zugelassen hat: die Infragestellung des Paares im Zentrum. Insofern dürfte nicht Dolorès Vanetti Castor angst machen, sondern Jean-Paul Sartre.

Was bewegt Sartre, vielleicht noch einmal alles und alle zu verraten? Dolorès Vanetti fasziniert ihn: «Die merkwürdige Mischung aus Angst und Entschiedenheit, tiefem Pessimismus und Optimismus im Detail, Leidenschaft und Vorsicht, verängstigter Schüchternheit und Unverfrorenheit, aus der sie sich zusammensetzt.» So beschreibt er sie für Castor, die sich noch in ihren Erinnerungen die Frage stellt, was bei Sartre vorgegangen sein mag: «Nach seinen Erzählungen zu schließen, teilte Dolorès restlos seine Reaktionen, seine Gefühle, seine Wünsche, seine Ungeduld. Wenn sie spazierengingen, hatte sie im gleichen Augenblick wie er Lust, stehenzubleiben, weiterzugehen. Vielleicht kennzeichnete das ein tiefes Einvernehmen – tief in den Quellen des Lebens, in seinen Strömen und seinem Rhythmus verwurzelt –, das zwischen Sartre und mir nicht existierte und das ihm wichtiger war als unser Bündnis.» Das klingt so, als habe Sartre – jetzt vierzig Jahre alt – noch einmal die romantische Innigkeit entdeckt, als sei er der Errungenschaften, die sie in vielen Jahren gemeinsam erworben haben, überdrüssig.

Sartre steht auch in anderer Hinsicht an einer bedeutenden Schwelle: Der Ruhm fällt über ihn her. Nach der Befreiung von Paris im August 1944 taucht er binnen weniger Monate aus dem Dunkel von Krieg, Besatzung, Widerstand und Kollaboration als *die* neue Lichtgestalt auf: ein Intellektueller, der die Tragödie des Bruchs und das Pathos des Aufbruchs wie kein anderer verkörpert. Die Kehrseite des Ruhms ist der Haß: Ekelschriftsteller, Skandalphilosoph, kleinbürgerlicher Décadent – die sich re-formierenden alten Garden in Literatur, Philosophie und Politik verbünden sich mit der Sensationspresse und machen Sartre – und Castor als «la Grande Sartreuse» – zu ihrer bevorzugten Zielscheibe. Keine Sekunde lang sonnt er sich im Glanz: Er nimmt den Ruf an. Denn es stimmt: Bruch und Aufbruch sind sein Geschäft. Mit einem unfaßbaren Elan stürzt er sich in das Abenteuer, die Welt und den Menschen neu zu erfinden. Romane und Theaterstücke, philosophische Essays, Literaturkritik und Literaturtheorie, politische Pamphlete und historische Analysen folgen Schlag auf Schlag. Zusammen mit Raymond Aron, Jean Paulhan, Michel Leiris, Maurice Merleau-Ponty, Simone de Beauvoir und anderen gründet er die Zeitschrift *Les Temps Modernes*, deren Direktor er wird und die viele Jahre als Zentralorgan der kritischen Intelligenz für Furore sorgt. Da er die Kommunisten ebenso ablehnt wie die Gaullisten, macht er sich zum Filigranarbeiter eines noch zu findenden dritten Weges. Ohne Illusionen über die Chancen in einer Zeit sich hochrüstender undurchlässiger Blöcke gibt er sein Äußerstes. Verwegen, weder Mißverständnisse noch «schmutzige Hände» (so der Titel eines seiner Theaterstücke) scheuend, stürzt er sich in den «Neubeginn». Dafür braucht er röhrchenweise Amphetamin-Tabletten. Allein, er scheint auch eine abgewandte Rückseite seiner maßlosen Aktivitäten zu suchen: das Versinken in schriftloser Sinnlichkeit, entlegen, jenseits des Atlantiks.

Daß ihn die Liebe zu Dolorès aus dem zerfurchten und verminten alten Europa, aus seinem vertrauten Milieu und seinen Bindungen hinaus ins Unbekannte, Ungelebte führt, muß eine Rolle gespielt haben. Was immer Dolorès Vanetti verlangt haben mag, er selbst hält die Spielräume auseinander. Nach seiner Rückkehr von seiner zweiten USA-Reise im Frühjahr 1946 fragt Castor ihn: «Sagen Sie ehrlich: an wem hängen Sie mehr, an Dolorès oder an mir?» Sartre antwortet: «Ich hänge ungeheuer an Dolorès, aber ich bin bei Ihnen.» Kein Wunder, daß Simone de Beauvoir nach dieser Antwort ins Taumeln gerät. Lange zweifelt sie, ob hier ein anderes, neues und womöglich exklusives Zentrum entsteht oder bloß ein besonders intensiver Nebenschauplatz. Vielleicht weiß auch Sartre es selbst nicht genau. In jedem Fall: er vermischt die Sphären nicht – ein absolutes Novum in seiner Beziehung mit Castor. In den ersten beiden Jahren reist er mehrfach nach New York. Es scheint so, als lehne Dolorès es ab, in Frankreich aufzutauchen, solange Castor das Pariser Terrain dominiert. So kommt Dolorès erst nach Paris, als Simone de Beauvoir zum ersten Mal in die Vereinigten Staaten fliegt. Vier Monate lang – von Januar bis Mai 1947 – hält sie im ganzen Land Vorträge zu philosophischen und literarischen Themen.

Am 26. Januar 1947 – einem Sonntag – landet Castor in New York. Bereits am nächsten Tag trifft sie sich erstmals mit Dolorès: «Ich habe D. im Sherry Netherland getroffen», teilt sie Sartre umgehend mit, «ich nehme an, sie wird es Ihnen erzählen. Ich habe sie genauso empfunden, wie ich vermutet hatte, ich mag sie sehr, und ich war sehr glücklich, weil ich Ihre Gefühle verstand, sie greifen konnte, ich lobte Sie, solche Gefühle zu haben – und zugleich fühlte ich mich nicht im geringsten unbehaglich. Sie hat einen Whiskey nach dem anderen getrunken, was sich in Nervosität, Redseligkeit und Stereotypen niederschlug – sie hat mir die Bar des rosa Elefanten gezeigt, was mich aufgewühlt hat – und dann noch eine andere Bar auf dem Broadway, wo wir bis 3 Uhr morgens geblieben sind. Sie war ungeheuer rührend.»

Am folgenden Tag hält sie einen Vortrag und geht hinterher mit Claude Lévi-Strauss, den sie aus Studententagen kennt, auf eine Cocktail-Party – zu den Vanettis: «Dolorès war süß wie ein kleiner annamitischer Gott und wirklich reizend zu mir, ich würde gerne wissen, was sie wirklich gedacht hat.» Das ist auch bei Castor die Frage – was sie wirklich gedacht haben mag. Betont beiläufig, aber nicht sehr geschickt, mischt sie stets ein Gran Ambivalenz in die an Sartre gerichtete Beschreibung ihrer Eindrücke von seiner Freundin.

Am Mittwoch treffen sie sich kurz zum Mittagessen, da habe Dolorès viel von sich erzählt – «ein bißchen zu redselig, da Schweigen ihr angst macht». Am Donnerstag schließlich verabschiedet Simone de Beauvoir ihre Rivalin, die sie «verloren inmitten ihrer Koffer» antrifft – auf dem Weg nach Paris, zu Jean-Paul Sartre. Zeit für eine Schlußbegutachtung: «Sie hat sich auf den Kopf gestellt, um für mich Artikelaufträge zu bekommen, und ich glaube, mit den Moneten wird es klappen. Die Unterhaltung war etwas schleppend, da wir auseinandergingen, ohne daß wir uns je wirklich gekannt hätten, und da es weder Bedauern noch irgendwelche Perspektiven gab. Ich finde sie wirklich sehr nett und sehr sympathisch – nur etwas ‹zu sehr Weib›, wie Bost sagt, jedenfalls für meinen persönlichen Geschmack – aber wenn man ein Mann ist und obendrein von einer imperialistischen Leidenschaft der Generosität, kann man niemandem begegnen, der passender wäre.» Die beiden Frauen werden einander jedenfalls nie mehr begegnen. Und mit großer Sicherheit ist es Dolorès, die jeden Kontakt meidet.

In den ersten New Yorker Nächten wird Castor von Angstträumen heimgesucht: «Ich wachte auf und dachte: ‹Etwas passiert mir – was?›, ohne zu wissen, ob es ein Glück oder ein Unglück war.» Seit zwei Jahren geschieht ihr ein Unglück – am hellichten Tag. Doch sie bekommt es nicht in den Griff, es liegt nicht in ihrer Hand. Castor & Sartre führen keine freie Ehe. Sie sind füreinander erste und intimste Referenz. Erfahrungsgesättigt von fünfzehn Jahren eroberter Gemeinsamkeit, bleibt ihr Verhältnis stets auf Bewährung angewiesen. Aus der Vergangenheit schöpfen sie allenfalls den Mut, Nähe immer wieder neu herstellen zu können. Aber erst die Gegenwarten bringen den Wert ihres Zusammenhangs an den Tag. Man darf davon ausgehen: Der Druck, dem sie sich aussetzen, gefällt ihnen. Zu genau wissen sie: Alle Gemeinsamkeit liegt stets vor ihnen. Keine Sicherheiten, schön. Das schürt die Glut der Herausforderung. Wenn einer der beiden jedoch aufhört, sich durch den anderen zu verstehen und den anderen in sich zu reflektieren, dann ist das Spiel verloren. Simone de Beauvoir wähnt sich am Rande der Niederlage. Wie dunkel es für sie wird, kann man den Andeutungen und vor allem den Aussparungen der Memoiren entnehmen. Als sie kurz nach Sartres Tod seine Briefe an sie herausgibt, veröffentlicht sie aus den Jahren der Liebe zu Dolorès, das heißt von 1945–50, gerade mal acht. Es ist jedoch sicher, daß er damals, als sie oft getrennt waren, weit mehr Briefe an Simone de Beauvoir geschrieben hat.

Was macht Castor gegen die schlimmstmögliche Verunsicherung ihres Daseins? Sie arbeitet viel. Sie schreibt an ihrem dritten Roman *Alle Menschen sind sterblich*, in dem sie ihre düsteren Gefühle literarisch verarbeitet. Gleichzeitig übernimmt sie in gewisser Weise die Geschäftsführung der Zeitschrift *Les Temps Modernes*. Das erste Heft erscheint im Oktober 1945. Sartre widmet sein Editorial Dolorès, was nun allmählich auch im engeren Freundeskreis für Unruhe sorgt.

Gleichstellungsbeamte decken einen empörenden Umstand auf: Sartre liebt und Castor arbeitet. Tatsächlich aber kann Simone de Beauvoir zu jener Zeit und auch in den kommenden Jahren noch nicht von den Tantiemen ihrer Bücher leben. Da sie stets gemeinsame Kasse gemacht haben, lebt sie weitgehend von Sartres Einnahmen. Und selbstverständlich versucht sie, dem überlasteten Starintellektuellen ein paar Aufgaben abzunehmen – zumal sie selbst zum Redaktionskomitee der Zeitschrift gehört, an der ihr sehr viel liegt. Ansonsten verteilt Sartre den neuen Reichtum, der sich plötzlich über ihn ergießt, restlos an mittellose Freunde und Künstler. So hält er es übrigens bis an sein Lebensende, wo er sich allerdings Sorgen machen muß, ob es noch für die Beerdigung reicht.

Sucht Castor eine neue große Liebe? Nein, vorläufig gewiß nicht. Nach wie vor unterhält sie mit dem kleinen Bost eine auch erotisch stabile Seelenfreundschaft. Es gibt kleinere Affairen, zum Beispiel mit dem Schauspieler und Regisseur Michel Vitold. In ihrem Roman *Die Mandarins von Paris* (1954) schildert sie die mehr oder weniger qualvolle Nacht, die ihre Heldin Anne mit einem gewissen Scriassine verbringt. Dabei handelt es sich um die Schilderung der einen Nacht, die Castor mit Arthur Koestler, einem bekannten Schriftsteller, verbracht hat. Deidre Bair gegenüber bekannte Simone de Beauvoir, daß es in jener Zeit zu viele solcher «Koestler-Episoden» gegeben habe. Wen meint sie? Hemingway, dessen Zimmer im Ritz sie in den frühen Morgenstunden verläßt? Albert Camus, den charmanten, aber hochempfindlichen Macho, mit dem sie während Sartres zahlreichen Abwesenheiten sehr vertraut wird? Boris Vian, den verrückten Trompeter und Romancier, dem sie eine Zeitlang mehr als Sympathie entgegenzubringen scheint? Wie auch immer: Keiner davon taugt als Sartre-Ersatz. Traurigkeit und Hoffnung spielen mit ihrem Herzen Schach.

Als sie Anfang 1947 nach New York fliegt, versucht sie, Klarheit zu gewinnen. Deshalb trifft sie umgehend ihre Rivalin. Sie schaut Dolorès in die Augen: Der Fall ist ernst – zweifellos wird sich die Geschichte noch länger hinziehen. Nächstes Jahr wird sie vierzig. Sie beschließt, aus der Defensive herauszukommen. Das Schmollen der Halbverlassenen hat sie lange genug gelähmt. Die Terra incognita der «Neuen Welt» stimuliert Vorstöße ins Unbekannte.

Ein paar Tage nach Dolorès' Abreise ist Simone de Beauvoir bei Mary Guggenheim eingeladen, einer amerikanischen Journalistin, die lange in Frankreich gelebt hatte. Der Abend schleppt sich dahin. Die Damen sprechen über das nächste Reiseziel der vielbeschäftigten Französin: Chicago. Guggenheim empfiehlt ihr, dort den Schriftsteller Nelson Algren anzurufen: ein Unikum, mit dem sie selbst mal ein Verhältnis hatte. Castor beschreibt ihre Gastgeberin als «sehr unsympathisch, eine alte Jungfer voller Komplexe, die also kaum Algrens Name mit Zauber erfüllt haben kann. Mary Guggenheim wiederum berichtet später: «Sie schrieb sich seine Adresse auf, als wäre das der eigentliche und einzige Zweck ihres Besuches gewesen, stand auf und ging.» Irgendein sehnsuchtauslösendes Wort über Algren muß an diesem Abend durch ihre geöffneten Poren bis ins Herz gedrungen sein.

Kaum kommt sie in Chicago an, läutet bei Nelson Algren das Telefon. Dabei hat sie in dieser Stadt keine Zeit zu vergeuden. Ihr Aufenthalt ist auf anderthalb Tage beschränkt. Und das wird sie bald bedauern. Um neun Uhr abends holt Algren sie in ihrem Hotel ab. «Er ist ein typischer Amerikaner, mit einem Gesicht, das keine Miene verzieht, einem Körper ohne Ausdruck, und hat damit debütiert, auf Güterzügen durch Amerika zu fahren und als *pin-boy*, als Kegeljunge zu arbeiten, der die Kegel in den *bowlings* wieder aufstellt. Dann hat er geschrieben (...). Er hat sofort begriffen, wo er mich hinführen mußte: zuerst auf die Bowery von Chicago, in ein Tanzlokal, das Sammy's ähnelte, aber noch verrufener und weniger kommerziell, in ein kleines Nachtlokal, in dem sich herrliche Frauen nackt auszogen.» Schreibt sie an Sartre. Und dann geht der Abend zu Ende und etwas fängt an: «Draußen war es kalt, die Straßen waren schneebedeckt, ganz verlassen, es war sehr anders als New York und in gewissem Sinn stärker. Er hat mich in ein Taxi gesetzt und mich unbeholfen, sehr ernst und nachdrücklich geküßt, ich bin nach Hause gefahren.» Zweifelsohne wollte der *lonesome cowboy* aus der Unterschicht die Intelligenzbestie aus Europa mit seinem Lieblingsmilieu tüchtig erschrecken. Unterwegs hat er sein Herz verloren.

Am liebsten möchte Simone de Beauvoir den ganzen nächsten Tag mit Algren verbringen. Doch ihre offiziellen Gastgeber nehmen sie in Beschlag. Erst nachmittags kann sie sich bei Algren absetzen lassen. Sie haben ein paar Stunden Zeit. «Er wohnt im polnischen Viertel, in einem elenden Häuschen, und Sie hätten die entrüsteten Mienen dieser Herren sehen sollen, als sie mit dem Auto in dieser schäbigen Straße halten mußten. Ich habe ihn in seinem kleinen Zimmer angetroffen, dem Zimmer eines armen Intellektuellen, und er hat mich durch die Straßen und in die Bars des polnischen Viertels geführt. (...) Ich hatte den Eindruck, ich würde das kleine Leben eines Viertels teilen, es war sehr vertraut – und wir verstanden uns sehr gut, durch mein Englisch hindurch.» Er hat für sie bereits ein Abendessen mit Freunden arrangiert, doch die Vortragsreisende ist wieder für einen offiziellen Termin gebucht. Später geleitet man sie zum Bahnhof, wo sie einen Zug besteigt, der sie in drei Tagen und zwei Nächten nach Kalifornien bringen soll – zu Nathalie Sorokine. Sie ruft Nelson Algren noch einmal an, und man muß ihr den Telefonhörer aus der Hand reißen, damit sie den Zug nicht verpaßt. Noch in der Nacht beginnt sie, seine gerade erschienene Novellensammlung *The Neon Wilderness* zu lesen. Und am nächsten Tag schreibt sie ihm im Zug den ersten von vielen hundert Briefen: «Es ist mir wichtig, Ihnen zu sagen, wie sehr ich Ihr Buch geliebt habe, und auch Sie, ich liebe Sie sehr. (...) Ich würde gerne im April nach Chicago kommen. (...) Allerdings frage ich mich: wenn es gestern schon furchtbar für uns war, sich zu trennen, wird es nicht schlimmer sein, nachdem wir fünf oder sechs Tage zusammen verbracht haben?»

Mit Nelson Algren 1950/51 in Miller am Michigansee. Da war schon alles gelaufen, und doch wirkt die «Froschfrau» immer noch wie ein glückliches Mädchen.

Wer ist Nelson Algren? Ein Jahr jünger als seine französische Eroberung und ein bis dahin mäßig erfolgreicher Schriftsteller. Zur Zeit arbeitet er an seinem bekanntesten Roman, *Der Mann mit dem goldenen Arm*, der 1955 von Otto Preminger verfilmt wird. Jeder Kulturklientel zieht er die Gesellschaft von Huren, Dieben und Schiebern vor. «Nelson war vollkommen verrückt (…) ein schrecklich liebenswerter und charmanter Mensch, aber ein absoluter Irrer (…) ein völliger Einzelgänger. Sie [Simone de Beauvoir] kann sich rühmen, ihn länger gefesselt zu haben als irgendwer sonst.» So beschreibt ihn Mary Guggenheim, und sie hat auch eine Erklärung, warum es zwischen den beiden so gefunkt hat: «Jeder war in den Augen des anderen etwas ganz und gar Einmaliges, noch nie Dagewesenes.»

Die Froschfrau – so nennt Algren Simone de Beauvoir – schickt ihm im Laufe der Jahre Hunderte von rührenden Liebeserklärungen – und zwar auf englisch. Dieses amerikanische Prachtexemplar weigert sich standhaft, ein Wort Französisch zu lernen. In einem ihrer Briefe portraitiert sie ihn: «Ich liebe Ihre Art, zugleich begierig und gelassen, Ihre Inbrunst, Ihre Geduld, Ihre Haltung, vom Leben nichts Großes zu verlangen, und gerade deshalb ziehen Sie so viel daraus, weil Sie so menschlich, so lebendig sind. Ihren Humor, auch Ihre Zärtlichkeit spürt man durch Ihre Bücher hindurch.»

Zwei Monate nach ihrem Chicago-Aufenthalt landet Castor wieder in New York. Am 24. April 1947 schreibt sie an Sartre: «In zwei Wochen (in 18 Tagen) werde ich Sie also wiedersehen. Ich bin darüber genauso gerührt, wie vor drei Monaten beim Gedanken, New York zu sehen. (…) Jetzt fühle ich, wie ich der Rückkehr entgegengleite, aber ich glaube, ich werde zwei wundervolle Wochen in N. Y. haben.» Sie ahnt, warum: Am gleichen Tag, aber wahrscheinlich vor ihrem Brief an Sartre – noch auf dem Briefpapier der Universität von Pennsylvania, von wo sie erst am Morgen zurückgekommen ist – fragt sie Nelson Algren, ob er zwischen dem 27. April und dem 10. Mai – ihrem Abflugdatum – für ein paar Tage nach New York kommen könnte. Notfalls sei sie bereit, für zwei Tage nach Chicago zu fliegen.

Es kommt etwas dazwischen: Am 2. oder 3. Mai erhält sie von Sartre ein Telegramm mit der Bitte, ihren Aufenthalt um eine Woche zu verlängern. Denn Dolorès weigert sich, am vereinbarten Termin abzureisen. Castor ist am Boden zerstört: «Ich schlafe nachts vier Stunden, esse nichts und trinke wie ein Loch.» Es stellt sich die Alternative: Rückfall in die Tragödie der verlassenen Frau oder Glücksoffensive. Am 10. Mai startet sie letztere. Statt nach Paris fliegt sie nach Chicago, verlebt dort drei Tage bei Algren und überredet ihn, für den Rest ihres USA-Aufenthalts bis zum 17. Mai mit nach New York zu reisen. Der erste Tag ihres zweiten Aufeinandertreffens scheint nicht ganz einfach gewesen zu sein. Danach berauschen sie sich sechs Tage lang an Liebe und Lust. Vergießend die «süßen Tränen der Liebe», schreibt Simone de Beauvoir bereits im Flugzeug ihrem «wunderbaren Geliebten»: «Von nun an werde ich mit Ihnen zusammen sein wie die liebende Ehefrau eines geliebten Ehemanns. Es wird kein Aufwachen geben, denn das ist kein Traum; es ist eine wunderbar wirkliche Geschichte, die eben erst beginnt. Ich spüre Sie bei mir, wohin ich gehe, gehen Sie, nicht nur Ihr Blick allein, Sie als Ganzes. Ich liebe Sie, dem gibt es nichts hinzuzufügen.» Leider doch: Denn wohin mit dieser transatlantischen Liebe?

Mit Nelson hat sie ihren «ersten vollständigen Orgasmus» erlebt, wie sie später bekennt. Zugleich erfährt sie, wie «wahrhaft leidenschaftlich die Liebe zwischen Mann und Frau sein kann». Auch Algren stößt in neue Dimensionen des Liebenkönnens vor. Es sieht ganz so aus, als manövriere Castor sich in eine ähnliche Lage wie Sartre. Bei ihrer Rückkehr nach Paris erwartet sie ihr Lebensgefährte in reichlich angespannter Stimmung. Auch Dolorès ist nämlich in die

Offensive gegangen. Sartre gesteht ihr unablässig seine Liebe, aber versucht ihr zugleich angeblich klarzumachen, daß er mit ihr zusammen kein neues Leben aufbauen kann. Wer den in Liebesverhandlungen komplett konfliktscheuen und lausig harmoniesüchtigen Sartre kennt, der lieber das Blaue vom Himmel verspricht, denn als Spielverderber dazustehen, kann sich vorstellen, daß Dolorès glaubt, durch Zuspitzung Terrain zu gewinnen. Sie droht mit dem Bruch, falls sie nicht in Paris mit Sartre leben kann. Zuerst einmal weigert sie sich abzureisen. Castor & Sartre fliehen darauf für einige Wochen in ein Landgasthaus in der Umgebung von Paris.

Simone de Beauvoir gerät völlig aus dem Gleichgewicht. Die Liebe zu Algren beglückt sie unendlich, aber entfernt sie auch von Sartre. Gleichzeitig zerrt Dolorès so heftig an Sartre, daß ihr Verhältnis von zwei Seiten bedroht wird. Sie nimmt Aufputschmittel, die nach einiger Zeit besorgniserregende Angstzustände auslösen. «Meine durchaus begründete und sehr reale Unruhe hätte sich wenigstens auf diskrete Formen beschränken können: sie war aber von einer physischen Zerrüttung begleitet, wie sie noch nie durch die schlimmste Verzweiflung – auch dann nicht, wenn der Alkohol sie steigerte – ausgelöst worden war. Vielleicht hatten die Erschütterungen des Krieges und der Nachkriegszeit eine Disposition für solche Krämpfe geschaffen. Vielleicht auch waren diese Krisen ein letzter Aufruhr, bevor ich mich mit dem Alter und meinem Ende abfand: Noch wollte ich das Licht von der Finsternis scheiden. Plötzlich war ich ein Stein, den der Strahl zerspaltet: das ist die Hölle.»

Der Sommer des Jahres 1947 beginnt mit Heulen und Zähneklappern. Als Castor & Sartre nach Dolorès' verspäteter Abreise für ein paar Wochen nach Skandinavien fliegen, fragt sie sich an ihrem ersten Tag in Kopenhagen «erschrocken, ob wir einander fremd geworden seien». «Etwas

Im Gleichschritt in Rom. Seit den fünfziger Jahren verbringen die beiden jedes Jahr im Sommer einige Wochen in Rom. Lange aus dem Lehrerdasein entlassen, leben sie dennoch im Rhythmus des Schuljahres. Überhaupt folgen sie einer strikten Tageseinteilung, um ihr meist mörderisches Arbeitspensum bewältigen zu können.

passiert» – seit New York. Es wird Zeit, dem Schwanken zwischen Glück und Unglück ein Ende zu setzen.

Leichter Druck aus Chicago beschleunigt die Klärung: Wenn Simone das nächste Mal kommt, so macht sich Nelson Hoffnungen, dann könnte das ja schon für immer sein. Simone de Beauvoir faßt sich ein Herz: «Nelson, ich liebe Sie, aber verdiene ich Ihre Liebe, da ich Ihnen nicht mein ganzes Leben gebe?» fragt sie am 23. Juli in einem Brief voller Verzweiflung, Angst und Liebe. Sie will endlich klären, was sie will und was Nelson Algren kann: «Wenn ich seit zwei Monaten durcheinander bin, dann weil mich diese Fragen überfallen und mich leiden lassen: ist es recht, einen Teil von sich zu geben, ohne bereit zu sein, alles zu geben? Kann ich ihn lieben und ihm sagen, daß ich ihn liebe, ohne die Absicht zu haben, ihm mein ganzes Leben zu geben? Wird er mich eines Tages hassen?» Daß er sie eines Tages hassen könnte, vermag er sich im Moment absolut nicht vorzustellen, lautet die gelassene Antwort aus Amerika. Zwar habe er vorgehabt, der Froschfrau bei ihrem nächsten Besuch einen Heiratsantrag zu machen. Doch bei Lichte besehen habe sie recht: Keinen von beiden könnte man aus den innersten Zusammenhängen der Sprache, der Kultur, der angestammten Umgebung reißen. Außerdem fühle er sich mit ihr sehr viel mehr verheiratet, als er sich in seiner ersten Ehe (die 1945 geschieden wurde) gefühlt habe. Insofern spiele es eine untergeordnete Rolle, daß man im Laufe eines Jahres nur beschränkte Zeit zusammen verbringen könne.

Simone darf durchatmen und tut dies hörbar. Wenn Nelson mitspielt, dann kann sie endlich machen, was sie die ganze Zeit schon will: sich dieser Geschichte mit Haut und Haaren hingeben – solange es irgend geht. Seit einigen Jahren fühlt sie sich dem Dunkel des Alters entgegengleiten, das alle sinnlichen Leidenschaften tilgen würde. Darin irrt sie sich, denn sie bleibt noch lange eine begehrenswerte und begehrende Frau. Aber das weiß sie erst hinterher. Im Moment spürt sie das Alter in Sichtweite. Weder Paris noch Sartre kann und will sie verlassen. An die romantische Liebe hat sie nie geglaubt. Dem Machen verdankt sie fast alles. Doch mit einem Male erfährt sie, daß sie sich hingeben kann, versinken. «Wissen Sie, ich habe noch nie jemanden in dieser Weise geliebt, mit so viel Lust in der Liebe, mit so viel Liebe in der Lust, so viel Fieber und so viel Frieden. (...) Ich fühle mich als eine Frau in den Armen eines Mannes, wirklich und total, und das heißt sehr, sehr viel für mich. Nichts Besseres hätte mir geschehen können.»

Versinkenkönnen ist eine Kunst, die sich zugleich gegen das Untergehen wie gegen das Auftauchen wehren muß. Simone organisiert ihren weichen Traum. Sie kennt und nennt die Grenzen. Algren scheint das Prinzip zu akzeptieren. Kaum hat die Froschfrau das Einverständnis des Krokodilmanns (so ihr Kosename für Nelson) zu den transatlantischen Bedingungen ihrer Liebe erhalten, kündigt sie für September ihren Besuch in Chicago an. Das Glück jener zwei Wochen echot noch lange durch ihre Briefe. Im ersten Jahr ihrer Liebe haben sie sich also ganze drei Wochen gesehen. Nächstes Jahr soll alles anders werden. Sie beschließen, im Sommer vier Monate zusammen zu verbringen, davon mindestens acht Wochen auf Reisen, den Mississippi hinunter nach Mexiko und Guatemala.

Diese Reise im Sommer 1948 hätte paradiesisch sein können. Doch Simone de Beauvoir führt Verrat im Gepäck mit: Von Anfang an weiß sie, daß sie nach zwei Monaten die Heimreise antreten wird. Ursprünglich wollte Dolorès in der Zeit ihrer Abwesenheit nach Paris kommen. Aber kurz vor Castors Abreise sagt sie ab – überdrüssig aller Nähe auf Zeit. Sartre ist den Sommer über also allein. Jetzt gerät Simone in Konflikte. Ebenso wichtig wie die Zeit mit Nelson ist ihr der traditionelle Sommerurlaub mit Sartre. Sie entschließt sich zu einem Kompromiß: Zwei Monate für Algren, zwei für Sartre. Allerdings sagt sie Nelson erst kurz vor Ende ihrer

Tour durch die Südstaaten und Mittelamerika, daß sie vorzeitig zurück müsse. Und sie belügt ihn: Sartre bedürfe dringend ihrer Mithilfe bei einem Drehbuch. Der Krokodilmann gibt sich zunächst cool, aber innerlich kocht er. Als sie in New York landen, von wo Simone zurückfliegt, explodiert er. Im Moment des Abschieds scheint keiner von beiden zu wissen, ob sie sich wiedersehen werden. Die Technikerin des Versinkenkönnens hat Mist gebaut – das zeugt von ihrer Unerfahrenheit wie von ihrer Zerrissenheit.

Schlimmer noch: Zurück in Paris erfährt sie, daß Dolorès jetzt doch kommen will. Sartre gibt nach. Simone telegrafiert an Algren, ob sie zurückkommen soll. «Nein. Zuviel Arbeit», lautet kurz und streng seine Antwort. Trotzdem nehmen die beiden ihren regelmäßigen Briefwechsel wieder auf. Algren schmollt nicht nur: Er leidet unter seiner Einsamkeit. Eine Geschichte mit einer anderen Frau erledigt sich zwar bald, doch sie hinterläßt bittere Sehnsüchte: den «Wunsch, etwas Eigenes zu besitzen», wie er der Froschfrau melancholisch gesteht. Simone hat Nelson alle Freiheiten eingeräumt, ermuntert ihn beinahe zu erotischen Vergnügungen – solange ihre Liebe dadurch nicht geschmälert wird. Trotzdem verspürt sie ein schlechtes Gewissen: Sie hat dieser Beziehung ihre Grenzen gesteckt und lebt sie als ein gestundetes Abenteuer. Zugleich sieht sie, daß Algren vereinsamt. Also stellt sie noch einmal klar: «Für Sie (...) könnte ich auf die meisten Dinge verzichten; allerdings wäre ich dann nicht die Simone, die Ihnen gefällt. Wenn ich auf mein Leben mit Sartre verzichten könnte, ich wäre eine schmutzige Kreatur, eine Verräterin, eine Egoistin. (...) Lieber würde ich sterben, als jemandem, der alles für mein Glück getan hat, einen tiefen Schmerz, ein nicht wieder gutzumachendes Unrecht anzutun.» In den Briefen jener Zeit stellt sie ihre Beziehung zu Sartre in Begriffen von Dankbarkeit, Verpflichtung oder Fürsorge dar. In früheren wie späteren Briefen an Algren spricht sie wenig von Sartre, erwähnt nur gelegentlich seinen Namen, sozusagen rein geschäftlich. Man schlägt gemeinsam intellektuelle Schlachten und verreist zusammen als Kameraden mit mäßig gelungener sexueller Vorgeschichte. Ob Algren ihr das abkauft, ist nicht bekannt. Immerhin erfährt er erst jetzt, daß Simones Bindung an Paris wesentlich eine Bindung an Sartre ist. Nicht zu Unrecht beschwert er sich darüber, daß sie ihm die Sartre-Dimension ihrer Existenz doch auch schon früher hätte darlegen können. Trotzdem schluckt er die Kröte, und die Krise jenes Sommers verpufft erst einmal.

Sie konzentrieren sich auf ihre Zukunft, die im Jahr darauf in Paris stattfinden soll. Algren reist Anfang Mai 1949 an und fliegt erst Mitte September wieder nach Hause. Diesmal sind es wirklich vier Monate, die sie zusammen verbringen. Sie wohnen in Simone de Beauvoirs neuer Wohnung (übrigens hat auch Sartre seine Hotelexistenz aufgegeben), reisen nach Italien, Tunesien, Algerien und Marokko. Nelson lernt alle engen Pariser Freunde Castors kennen: Bost & Olga, Raymond Queneau, Michel und Zette Leiris, Mouloudji, Camus, Boris und Michelle Vian, Giacometti und natürlich Jean-Paul Sartre, der von Algren genauso begeistert ist wie alle anderen. Nelson erobert die Alte Welt im Sturm. Und er genießt die Reise. Simone jubelt. Sie verbringen eine wundervolle Zeit miteinander. Endlich hat sie den scheuen Krokodilmann in ihr Pariser Leben eingeführt. Im Eifer der Freude übersieht sie, daß Nelson genau gefühlt haben muß, wie sehr sie an das Leben mit Sartre gebunden ist und in welchem Maße sie in die Pariser Szene gehört. Schließlich hat er gerade mitbekommen, wie mit riesigem Skandalgetöse der erste Band von *Das andere Geschlecht* erschienen ist. Zurück in Chicago, hätte er sich gewiß einsamer, illusionslos einsamer gefühlt als zuvor, wäre ihm nicht bei seiner Ankunft mitgeteilt worden, daß er für seinen Roman *Der Mann mit dem goldenen Arm* den Pulitzer-Preis erhalten hat. Man veranstaltet viel Wirbel um ihn. Er gibt Interviews und reist für längere Zeit nach Los Angeles, um über die Verfilmung seines Buches zu verhandeln. Die Einsamkeit kommt danach.

Ab Mai werden seine Briefe seltener und kürzer. «Etwas passiert.» In der Zwischenzeit haben Simone und Nelson verabredet, den Sommer 1950 gemeinsam in Chicago bzw. in Miller, einem hübschen kleinen Ort am Michigansee, zu verbringen, wo Algren ein Haus gemietet hat.

Anfang Juli 1950 fliegt Simone wieder einmal über den Atlantik. Eine gespenstische Kulisse überschattet bereits den Abflug: Der Korea-Krieg ist ausgebrochen. Die Welt steht am Rande eines dritten und wahrscheinlich letzten globalen Gefechtes. Aber das ist nicht der Grund für die Kälte, mit der Nelson Simone de Beauvoir empfängt. Irritiert verlangt sie eine Erklärung. Algren erklärt ihre Geschichte für beendet. Es gebe zwar keine neue Liebe, wohl aber andere Frauen; insbesondere seine erste Ehefrau, die er in Los Angeles wiedergetroffen habe und mit der er wieder zusammenleben will. Simone ist geschockt und nur halb getröstet, daß Algren keine andere Frau mehr liebt, als er sie geliebt hat. Nach diesem verstörenden Auftakt stellt sich für ein paar Tage doch noch einmal die alte Wärme ein. «Wir haben sogar zärtlich miteinander geschlafen.» Drei Tage später annonciert sie Sartre «eine kleine Katastrophe, weil wir miteinander geschlafen haben, und das war so erbärmlich, daß es mir graute». Derweil geht in Paris auch Sartres Beziehung mit Dolorès endgültig zu Ende. Er hat alles versucht, diese Geschichte unter *seinen* Bedingungen aufrechtzuerhalten. Aber Dolorès will nicht mehr. Zuviel. Er zerschneidet definitiv das Band.

Welch eine Situation: über den Atlantik hinweg trösten sich Castor & Sartre über das Siechen und Verblühen ihrer späten, leidenschaftlichen Romanzen hinweg. «Und Sie, Kleiner, denken Sie, daß diese traurigen Tage, die Sie erleben, weder absurd noch beliebig sind, sondern notwendig für unser Leben. Sie werden sehen, welch schönes Leben wir in

Zukunft haben werden, sobald wir es wiedergefunden haben», tröstet Simone de Beauvoir sich und Sartre. Währenddessen bleibt die Stimmung in Chicago und später in Miller «nach außen hin ruhig, im Inneren aufgeregt und ein bißchen bang»: «Der offensichtlichste Wandel unserer Beziehung ist, daß wir nicht mehr miteinander schlafen, in stillschweigend gegenseitigem Einverständnis; am erstaunlichsten ist, daß wir nicht mehr können: es gab ein oder zwei diskrete, aber folgenlose Versuche, bei denen er impotent und ich frigide war. In gewissem Sinn hilft das, eine Geschichte zu beenden, in der die Sexualität viel Raum einnahm.» Die beiden traurigen Verwundeten finden keinen Weg zurück. Trotzdem verbringt Castor die vorgesehenen drei Monate bei Algren. So ganz gibt sie die Hoffnung nicht auf, und sie will den Weg zu Ende gehen, ohne die Erinnerungen zu beschädigen und ihre anhaltende Sehnsucht nach Algren zu verleugnen. «Sie sehen», schreibt sie an Sartre, «ich tue das, was ich nicht tun wollte: eine Geschichte auf mich nehmen, die zu zweit gelebt wurde, daraus meine Geschichte machen, so daß ich sie beherrsche, sie liquidieren kann. Aber nicht ich habe angefangen, und es gibt keinen anderen Ausweg. Machen Sie sich vor allem keine Sorgen um mich. Ich bin nicht überfordert, außer hin und wieder, punktuell. Aber im großen und ganzen bin ich durch all dies hindurch glücklich. Ich bin glücklich, daß diese Geschichte gewesen ist, wie sie gewesen ist. Mit ein bißchen Glück wird sie sanft enden.» Sanft geht es abwärts, und lange blutet Simones Herz.

Trotz der «bangen» Monate werden sie sich wiedersehen. Im nächsten Jahr lädt Nelson sie ein, für ein paar Wochen in das Häuschen am See zu kommen. Aber da lebt er schon halb wieder mit seiner ersten Frau zusammen. 1953 wird er sie zum zweiten Mal heiraten. Die Ehe geht sehr bald wieder in die Brüche. In jenem Frühherbst 1951 feiern Nelson und

Simone zärtlich Abschied von ihrer Liebe. Doch es fällt der Froschfrau sehr schwer, die Realität zu akzeptieren. Noch lange sehnt sie sich nach ihrem Krokodilmann. Sie wechseln noch viele Jahre hindurch sehr vertrauliche Briefe. 1960 treffen sie sich in Paris sogar wieder. Einige Jahre später bricht Nelson Algren, der zunehmend verbittert, endgültig mit ihr. Simone de Beauvoirs erfolgreichster Roman, *Die Mandarins von Paris*, in dem ihre transatlantische Liebesgeschichte geschildert wird, erscheint 1954 und ist ihm gewidmet.

Durch Algren hat sie ein überaus bewegendes, neues Glück erfahren. Hundertfach schreibt sie es ihm voller Dankbarkeit. Noch etwas anderes erschwert die Trennung: Sie macht sich keinerlei Hoffnung, daß ihr eine solche Liebesgeschichte noch einmal widerfahren könnte. Nach Algren kommt das Alter. Schon 1950 hat sie Sartre mehrfach fröhlich über den Atlantik zugerufen: «Wir werden ein glückliches Alter haben.» In einem anderen Brief heißt es: «Auf jeden Fall werde ich in Paris ganz entzückt darüber eintreffen, daß wir endlich mit unserem glücklichen Alter beginnen.» Wenigstens dieses eine Mal taucht für Simone de Beauvoir das Alter als Rettung am Horizont auf – als Befreiung von den Wirrnissen der Leidenschaft. Vergeblich: weder sie noch Sartre sind alt genug für das Alter.

1950 am Michigansee, als sie den Abschied probte, schrieb sie an Sartre: «Ich weiß ja, daß wir in drei Monaten wieder zusammensein werden und daß Sie mein Leben sind – und ich bedauere nicht, daß diese Geschichte tot ist, denn ihr Tod war in dem Leben enthalten, das ich gewählt habe und das Sie mir geben.» Sie blickte in eine Zukunft, die der Vergangenheit ähnelt: «Ich habe den Eindruck, hier von alten Begierden festgehalten zu werden, während das Neue und das Romantische und das Glück meines Lebens bei Ihnen sind, mein kleiner Gefährte von 20 Jahren. Ich zähle die Wochen, wenn nicht die Stunden.»

Das Paar im Café – da haben sie einen Großteil ihres Lebens verbracht. Ihre wichtigsten Werke sind dort entstanden. Erst Ende der vierziger Jahre bezieht jeder eine eigene Wohnung, bis dahin leben sie ausschließlich in Hotels.

Fast ein Schlußbild, wenn es einen Schluß gäbe – außer dem Tod. Dieses Paar beruhigt sich bei keinem Ankommen. Das Glück und das Romantische bewähren sich erst im Neuen und durch das Neue. Und so wird es weitere Momente der Verunsicherung geben. Warum auch nicht? Wer sich derart den Dynamiken der Zeitgeschichte, den Abenteuern eines unversicherbaren Denkens und Fühlens aussetzt wie Sartre und Simone de Beauvoir, muß dauernd um Fassung ringen. Gerade deshalb bleiben sie füreinander der zuverlässigste und intimste Bezug. Sie sehen sich täglich, verbringen jeden Sommer viele Wochen zu zweit in Rom, unternehmen zahlreiche gemeinsame Reisen – auch zu viert, sofern Castor und Sartre einen anderen Partner mitnehmen. Und sie haben eine Art, im täglichen gemeinsamen Gespräch ihr Leben und ihre Arbeit zu besprechen, zu ordnen und zu kritisieren, die bis zum Schluß jeden Außenstehenden verblüfft. Gemeinsam stellen sie ihre Ober- und Hauptwelt her, von wo aus verschiedene Pfade in kleinere Neben- und Unterwelten führen.

Castor wird der von ihr so gefürchteten Nacht des Alters noch lange Widerstand leisten. Anfang der fünfziger Jahre lernt sie Claude Lanzmann kennen. Brillanter Mitarbeiter von *Les Temps Modernes*, siebzehn Jahre jünger als sie, wird er der erste und einzige Mann sein, mit dem sie einige Jahre lang eine Wohnung teilt. Sartre, der angestrengter denn je arbeitet, hat die verschiedensten Affären: einige sind ohne Dauer und Tiefe, andere währen bis an sein Lebensende, etwa die mit Wanda oder mit Michelle Vian, mit der er schon zu Dolorès' Zeiten angebandelt hat. In den fünfziger Jahren lernt er Arlette Elkaïm kennen und lieben – eine junge algerische Jüdin von zerbrechlicher Schönheit. 1965 adoptiert er sie, wodurch sie die französische Staatsbürgerschaft und er eine Nachlaßverwalterin erhält. Auf die Sechzig zugehend, stellt sich die Frage, was nach dem Tod mit seinem Werk geschieht. Und natürlich hätte es wenig Sinn, gleichaltrige Freunde oder Simone de Beauvoir als Erben einzusetzen.

Castor wird seine Idee übernehmen. Anfang der sechziger Jahre lernt sie die junge Philosophiestudentin Sylvie Le Bon kennen. Im Laufe der Jahre werden sie unzertrennliche Freundinnen. «Es besteht zwischen uns ein so natürlicher Austausch, daß ich mein Alter vergesse: sie zieht mich in ihre Zukunft mit hinein, und für Augenblicke erhält die Gegenwart jene Dimension wieder, die sie verloren hatte.» Später adoptiert Simone de Beauvoir die um dreißig Jahre jüngere, selbstbewußte und attraktive Philosophielehrerin und macht sie zu ihrer Nachlaßverwalterin. Auch in diesem Fall hat sie später jede lesbische Beziehung verleugnet. Vieles deutet aber auf eine intensive erotische Bindung zwischen den beiden Frauen hin.

Man muß vom Ende sprechen. Es wird ihre letzte große Herausforderung. Sie sind ihr nicht mehr ganz gewachsen. Kein Grund, von einem Zerwürfnis zwischen Castor & Sartre zu sprechen, das manch einer – frohlockend – in den letzten Monaten von Sartres Leben entdecken will. Anfang der siebziger Jahre verschlechtert sich sein Gesundheitszustand rapide. Jahrelang hat er sich mit Überdosen von Alkohol, Tabak und Amphetaminen zu Höchstleistungen getrieben. Jetzt spielen Herz und Kreislauf nicht mehr mit. Im Juni 1973 erblindet er fast vollständig, kann weder lesen noch schreiben und ist auf Hilfe angewiesen.

Zugleich stürzt sich der geschwächte Greis in das letzte politische Abenteuer seines Lebens: Er arbeitet mit verschiedenen linken Gruppen zusammen, die seit den Mai-Unruhen von 1968 die schwer verkalkte Gesellschaft durcheinanderbringen. Sein letzter Verrat? Nicht ganz, schließlich hat er immer von einer linken Bewegung, jenseits und unterhalb der kommunistischen Kaderparteien geträumt: demokratisch, radikal und konkret. Und doch auch ein Verrat: denn

Simone de Beauvoir und Sylvie Le Bon. Die letzte Schülerin, die sich – als Studentin – in Castor verliebt. Sie ist heute Beauvoirs Nachlaßverwalterin.

Sartre und Arlette Elkaïm. Sartre lernte die algerische Jüdin Ende der fünfziger Jahre kennen. Er adoptierte sie und machte sie zur Nachlaßverwalterin.

er hält es für gut möglich und wünscht sogar, daß der klassische Intellektuelle, den er wie kein anderer in seinem Jahrhundert verkörpert, verschwindet und mit ihm auch der Wert seiner Werke. Gleichzeitig – Verrat des Verrats – arbeitet er wie besessen am Abschluß seiner vieltausendseitigen Auseinandersetzung mit Gustave Flaubert. Die beiden ersten Bände erscheinen 1971, der dritte Teil des *Idiot der Familie* folgt noch 1972. Der Rest bleibt – wie vieles in Sartres rastlos auf- und abbrechendem Werk – Fragment, Skizze, Beute der Nachlaßjäger.

Obwohl Sartre bei weitem nicht alle Ansichten der jungen Revolutionäre teilt, ist er völlig fasziniert von der «Erweiterung des Möglichen», von neuen politischen Denk- und Handlungsstilen. So stellt er sich mehr als einem Dutzend linksradikaler Zeitungen und Zeitschriften als Herausgeber zur Verfügung, um sie auf diese Weise vor der Beschlagnahmung zu schützen. «Voltaire verhaftet man nicht», mit diesen Worten hatte General de Gaulle seinen intellektuellen Exportschlager Sartre generalamnestiert: Voltaire wurde verhaftet und Sartre auch – allerdings aufgrund der raffinierten Narrenklausel für berühmte Geistesmenschen bald wieder auf freien Fuß gesetzt. Und so sieht man Anfang der siebziger Jahre einen gebrechlichen, halbblinden Jean-Paul Sartre am Montparnasse Flugblätter verteilen oder in den Renault-Werken mühselig auf eine Tonne klettern, wo er vor einem Dutzend verdutzter Arbeiter eine revolutionäre Ansprache hält. Die Kollegen aus der Zunft der schönen Künste sind erst verblüfft, dann halten sie sich die Bäuche vor Lachen. '68 hat sie lange genug verunsichert. Allmählich wollen sie zur Tagesordnung zurückkehren und den Zorn über das irdische Jammertal wieder in eisigen Marmor meißeln.

Nur weil sie tiefes Verständnis und große Faszination für Sartres unermüdliche Selbstüberschreitung hat, konnte Simone de Beauvoir fünfzig Jahre lang seine innigste Ge-

1979: 50 Jahre immer neu gefundener Gemeinsamkeit werden gefeiert.
Aber welcher Tag gilt? Das erste Treffen in der Cité universitaire – Anfang
Juli? Die erste Liebe auf den Feldern des Limousin – im August? Oder der
Tag des ersten Paktes im Oktober auf einer Bank vor dem Louvre?

fährtin sein. Auch im Alter zögert sie nicht, Sartres extre-
mistische Aktivitäten zu teilen. Darüber hinaus engagiert
sie sich zum ersten Mal in radikalen feministischen Projek-
ten und überschreitet den traditionellen intellektuellen
Kampfplatz: die Schrift. Allerdings geht auch sie langsam
auf die Siebzig zu, und ihre Hauptsorge gilt Sartres misera-
blem Gesundheitszustand. Sie weiß genau, wie anfällig
seine Lebenskräfte geworden sind. Sie erlebt seine Ausfälle,
seine Schwächezustände, seine Erschöpftheit. Zugleich
sieht sie, wie die jungen Radikalen sich der alten Legende
Sartre bemächtigen und ihn in die heikelsten Situationen
bringen. Sartre, der nichts so zu fürchten scheint wie den
Stillstand, genießt indes unbekümmert die Zusammenarbeit
mit den jungen Wilden und seinen letzten Aufbruch in
Neuland.

Später wird man behaupten, Simone de Beauvoir sei politisch einfach zu bequem und konservativ geworden und
habe aus Sartre nur das stumme Denkmal seiner selbst machen wollen. Blanker Unsinn! Nach 45 Jahren mit Sartre
macht ihr nur eines angst: daß er gewissen Strapazen kör-
perlich und intellektuell nicht mehr gewachsen sein könnte
– und sein Tod. Doch der heitere Chefideologe des menschlichen Optimismus weigert sich stur, den deutlich zur
Neige gehenden Ressourcen Rechnung zu tragen. Und vielleicht zum ersten Mal seit den bitteren Erfahrungen des
Trios entsteht zwischen Sartre und Castor ein echter Wi-
derstreit der Interessen.

Der Konflikt spitzt sich zu. 1973 engagiert Sartre den
hochintelligenten und charismatischen Führer der «Mao-
isten», Pierre Victor, als Sekretär. Der aus Ägypten stam-
mende Jude hält Sartre intellektuell auf Trab und wird um so
einflußreicher, je weniger Sartre selbständig arbeiten kann.
Trotz seiner Quasi-Blindheit planen die beiden umfangreiche Buch- und Filmprojekte. Castor sorgt sich, ob Sartre sich
nicht allzu vertrauensselig von Pierre Victor benutzen läßt.

Nicht ganz zu Unrecht. Wie sich bald herausstellt, gehört Pierre Victor zu jenen alerten Weltanschauungstouristen, die in kurzer Zeit mühelos von der Weltrevolution zur religiösen Innerlichkeit umschwenken, um von da aus mit Getöse die Segnungen der freien Marktwirtschaft zu entdecken.

Noch gespannter werden die Beziehungen, als Victor ein Liebesverhältnis mit Arlette Elkaïm beginnt. In Sartres unmittelbarer täglicher Umgebung bildet sich eine Art Opposition gegen Simone de Beauvoir. Ein Konflikt, der die letzten Jahre des alten Paares überschattet. Erst der Tod wird ihn lösen.

Er kommt. Am 20. März 1980 wird Sartre mit einem Lungenödem ins Hospital eingeliefert. Am 13. April nimmt er ein letztes Mal Castors Hand und sagt: «Ich liebe Sie sehr, mein kleiner Castor.» Als sie am 14. April zu ihm kommt, «schlief er. Er ist aufgewacht und hat, ohne die Augen zu öffnen, ein paar Worte gesagt, dann hat er mir den Mund hingehalten. Ich habe seinen Mund geküßt, seine Wange. Er ist wieder eingeschlafen.» Am nächsten Tag, dem 15. April gegen neun Uhr abends stirbt Jean-Paul Sartre. Mit nur wenigen Stunden Unterschied folgt Simone de Beauvoir ihm auf den Tag genau sechs Jahre später in das Grab, das sie auf dem Friedhof Montparnasse teilen.

«Sein Tod trennt uns. Mein Tod wird uns nicht wiedervereinen. So ist es nun einmal. Schön ist, daß unsere Leben so lange harmonisch vereint sein konnten», lauten Castors letzte Sätze in *Die Zeremonie des Abschieds* – dem fünften und letzten Band ihrer Memoiren, der Sartres letzten zehn Jahren und seinem Sterben gewidmet ist. In Dutzenden von Anläufen hat sie versucht, den Namen der Bindung zwischen ihr und Sartre zu finden und nicht einmal den Hall des Andächtigen gescheut. Es bleibt auffällig: Sartre – das Rede- und Schreibgenie – hat sich öffentlich allenfalls oberflächlich und artig über ihre Beziehung geäußert. Doch was hätte er noch hinzufügen können? Vielleicht hat er verstanden, daß das Beschwören der Gefühle, das Beschreiben der Konflikte und Wonnen, immer nur Episode sein kann. Die Liebe hat keine Gründe, aber sie ist der Grund für das, was man aus ihr macht. Davon hat Simone de Beauvoir genug erzählt. In der lichten Lakonie ihrer Schlußsätze kehrt sie wieder an den Anfang zurück, zum stumm Unergründlichen, dem beide so viel abgerungen haben. Vor ein paar hundert Jahren hat Michel de Montaigne dafür eine atemberaubende Formel geprägt: «Weil er es war. Weil ich es war.»

Das gemeinsame Grab auf dem Friedhof Montparnasse. «Wenn einer von uns am Ende einer hitzigen Diskussion lauthals triumphierte, sagte er zum andern: ‹Sie sind in Ihrer kleinen Kiste!›... Sie werden nicht herauskommen, und ich werde Ihnen nicht dorthin folgen: selbst wenn man mich neben Ihnen beerdigt, wird kein Weg von Ihrer Asche zu meiner führen.» Aber wir werden nicht an den einen denken können, ohne den anderen zu erinnern.

Literaturhinweise

Wie schon angemerkt, gibt es unübersehbare Mengen an Primär- und Sekundärquellen über Simone de Beauvoirs und Jean-Paul Sartres Leben. Ganz zu schweigen von jedem annähernd vollständigen Verzeichnis ihrer Werke: Es hätte den Umfang dieses Buches. So beschränke ich mich auf die wichtigsten autobiographischen Texte und einige wenige andere Quellen. In eckigen Klammern gebe ich nach dem deutschen Titel das Erscheinen der französischen Originalausgabe an:

Simone de Beauvoir:

Memoiren einer Tochter aus gutem Hause [1958]

In den besten Jahren [1960]

Der Lauf der Dinge [1963]

Alles in allem [1972]

Die Zeremonie des Abschieds *(und Gespräche mit Jean-Paul Sartre. August–September 1974)* [1981]

Briefe an Sartre. Bd. I (1930–1939) u. Bd. II (1940–1963) [1990]. Hrsg. v. Sylvie Le Bon de Beauvoir.

Lettres à Nelson Algren. Hrsg. und aus dem Englischen v. Sylvie Le Bon de Beauvoir. Paris: Gallimard 1997.

Kriegstagebuch 1939–1941. Hrsg. v. Sylvie Le Bon de Beauvoir [1990]

Das andere Geschlecht. *Sitte und Sexus der Frau.* [1949] Dt. Neuübersetzung: 1992.

Sie kam und blieb. Roman [1943]

Das Blut der anderen. Roman [1945]

Alle Menschen sind sterblich. Roman [1946]

Die Mandarins von Paris. Roman [1954]

Alle Werke von Simone de Beauvoir sind auf deutsch im Rowohlt Verlag bzw. Rowohlt Taschenbuch Verlag, beide: Reinbek, erschienen.

Jean-Paul Sartre:

Tagebücher. *Les carnets de la drôle de guerre. September 1939–März 1940.* [1983] (Eine um das erste – wiedergefundene – Heft erweiterte Neuausgabe ist 1995 auf französisch erschienen. Auf deutsch gibt es die erweiterte Fassung nur in der Taschenbuchausgabe [1996] der Tagebücher).

Briefe an Simone de Beauvoir und andere. Bd. I (1926–1939) u. Bd. II (1940–1963). [1983] Hrsg. v. Simone de Beauvoir.

Die Wörter [1964]

Sartre über Sartre. *Aufsätze und Interviews* 1940–1976.

Sartre – Ein Film. Von A. Astruc und Michel Contat. [1976]

Das Sein und das Nichts. *Versuch einer phänomenologischen Ontologie* [1943]

Die meisten (und alle hier aufgeführten) Texte Sartres in deutscher Übersetzung und meist Neuübersetzung sind im Rowohlt Verlag bzw. Rowohlt Taschenbuch Verlag, beide: Reinbek, erschienen. Sämtliche autobiographischen Schriften Sartres sind auch in einer Taschenbuchkassette gesammelt.

Texte über S. de Beauvoir und J.-P. Sartre:

Deidre Bair, Simone de Beauvoir. *Eine Biographie.* München: Knaus 1990.

Annie Cohen-Solal, Sartre 1905–1980. Reinbek: Rowohlt 1988.

Josée Dayan u. Malka Ribowska, Simone de Beauvoir. *Un Film.* Paris: Gallimard 1978. (Textbuch zum Film).

Claude Francis und Fernande Gontier, Simone de Beauvoir. *Die Biographie.* Weinheim u. Berlin: Quadriga 1986.

Ronald Hayman, Jean-Paul Sartre. Leben und Werk. München: Heyne 1988.

Bianca Lamblin, Memoiren eines getäuschten Mädchens. Reinbek: Rowohlt 1994.

Toril Moi, Simone de Beauvoir. *Die Psychographie einer Intellektuellen.*
Frankfurt a. M.: Fischer 1997.

Walter van Rossum, Sich verschreiben. Jean-Paul Sartre 1939–1953.
Frankfurt: Fischer 1990.

Alice Schwarzer, Simone de Beauvoir heute. *Gespräche aus zehn Jahren.*
Reinbek: Rowohlt 1983.

Bildnachweis

Archiv für Kunst und Geschichte, AKG, Berlin S. 155, 165
Brassaï. © Gilberte Brassaï S. 127
Collection Liliane Siegel, mit freundlicher Genehmigung von Éditions Gallimard, Paris S. 28/29, 107
dpa, Frankfurt a. M. S. 76
Keystone, Hamburg S. 159
Roger-Viollet, Paris. © Lipnitzki-Viollet S. 40 oben rechts

Weitere Abbildungen entnahmen wir folgenden Publikationen:

Bianca Lamblin: Memoiren eines getäuschten Mädchens, Rowohlt Taschenbuch Verlag, Reinbek 1994 S. 40 oben links (mit freundlicher Genehmigung von Éditions Balland, Paris)
Album Jean-Paul Sartre. Iconographie, choisie et commentée par Annie Cohen-Solal, Éditions Gallimard, Paris 1991 S. 40 oben rechts, 41 oben, 86, 134, 147
Christiane Zehl Romeo: Simone de Beauvoir, Bildmonographie, Rowohlt Taschenbuch Verlag, Reinbek 1979 S. 41 unten, 63
Simone de Beauvoir: Lettres à Nelson Algren, Éditions Gallimard, Paris 1997 S. 69, 143 (Photos collection pariculière)
Jean-Paul Sartre: Gesammelte Werke. Sartre. Bilder eines Lebens, Rowohlt Taschenbuch Verlag, Reinbek 1988 S. 93, 98
Deidre Bair: Simone de Beauvoir, Albrecht Knaus, München 1990 S. 158 (Centre Audiovisuel Simone de Beauvoir, Paris), 161 (Sylvie le Bon de Beauvoir)

Ich danke von ganzem Herzen meinen beiden «Privatlekto-ren» Susanne George und Christoph Vormweg. Wer sonst schon wäre in der Lage, sich so einfühlsam und kenntnisreich ausgerechnet meinen Kopf zu zerbrechen? Alles, was an diesem Büchlein gelungen sein sollte, geht auch auf ihr Konto.

Simone de Beauvor
Die Mandarins von Paris
Roman
(rororo 10761)
Ein Schlüsselroman des intellektuellen Lebens im Paris der dreißiger und vierziger Jahre, in dessen Figuren wir Arthur Koestler, Jean-Paul Sartre, Albert Camus und Simone de Beauvoir selbst zu erkennen glauben – ein europäisches Zeitdokument voll immenser erzählerischer Kraft und schockierender Wahrheiten. Ausgezeichnet mit dem Prix Goncourt, der höchsten literarischen Ehrung Frankreichs.

Sie kam und blieb *Roman*
(rororo 11310)

Das Blut der anderen *Roman*
(rororo 10545)
Simone de Beauvoir erzählt mit dramatischer Spannung über die Zeit der Résistance, in der die junge Intelligenz Frankreichs das Bewußtsein der Verantwortung für die anderen gewann.

Eine gebrochene Frau
(rororo 11489)
«Ich habe in diesem Buch drei Frauen sprechen lassen, die sich aus ausweglosen Situationen mit Worten zu befreien versuchten.»
Simone de Beauvoir

Alle Menschen sind sterblich
Roman
(rororo 11302)
Ein tiefgründig-phantasievoller, kulturgeschichtlich-farbiger und in seinen menschlichen Konflikten beeindruckender Roman.

Simone de Beauvoir
Die Mandarins von Paris

Marcelle, Chantal, Lisa...
(rororo neue frau 14755)
Ihr «Gesellenstück» nannte Simone de Beauvoir den Roman über fünf Töchter aus gutem Hause – ihr erstes erzählerisches Werk, das sie jahrzehntelang unveröffentlicht aufbewahrte.

Die Welt der schönen Bilder
Roman
(rororo 11433)
Mit Schärfe und Ironie erzählt Simone de Beauvoir von der Gesellschaft der Neureichen, in der Gefühle zu Werbespots werden.

Ein sanfter Tod
(rororo 11016)
Mit äußerster Genauigkeit schildert Simone de Beauvoir das Sterben ihrer Mutter – und legt sich selbst Rechenschaft ab über ihr Verhältnis zu Leben und Tod.

Mißverständnisse an der Moskwa *Eine Erzählung*
(rororo 13597)
Bisher unveröffentlichte Erzählung aus dem Nachlaß Simone de Beauvoirs.